日本知识产权教育

从小学到大学的实践与理论

日本知识产权协会知识产权教育分会编辑委员会　编

梅　卓　译

知识产权出版社
全国百佳图书出版单位
—北京—

Copyright© INTELLECTUAL PROPERTY ASSOCIATION OF JAPAN 2013

Originally published in Japan in 2013 by HAKUTO－SHOBO publishing company. All rights reserved.

No part of this book may be reproduced in any form without the written permission of the publisher. Simplified Chinese translation rights arranged with HAKUTO－SHOBO publishing company. , Tokyo through AMANN Co. , Ltd. , Taipei.

图书在版编目（CIP）数据

日本知识产权教育：从小学到大学的实践与理论／日本知识产权协会知识产权教育分会编辑委员会编；梅卓译.—北京：知识产权出版社，2021.10

ISBN 978－7－5130－7744－6

Ⅰ.①日… Ⅱ.①日… ②梅… Ⅲ.①知识产权—法制教育—青少年教育—研究—日本 Ⅳ.①D931.334

中国版本图书馆 CIP 数据核字（2021）第 195830 号

内容提要

本书集结了日本在校教育者及研究人员编写的知识产权教育成果与精华，全面介绍了日本小学、初中、高中、大学等教育体系的知识产权教育实践，并涉及欧美中韩等国家和地区的知识产权教育情况，全方位立体地展示了知识产权教育的实施方法。本书共分为 8 章，分别介绍了如下内容：何谓知识产权教育，日本知识产权教育的发展趋势，小学、初中、高中知识产权教育实践案例，高专及大学的实践案例，知识产权教育的理论探讨，未来的知识产权教育。

责任编辑：程足芬	责任校对：潘凤越
封面设计：纺印图文·韩力君	责任印制：刘译文

日本知识产权教育
从小学到大学的实践与理论

日本知识产权协会知识产权教育分会编辑委员会　编
梅　卓　译

出版发行：	知识产权出版社有限责任公司	网　　址：	http：//www.ipph.cn
社　　址：	北京市海淀区气象路 50 号院	邮　　编：	100081
责编电话：	010－82000860 转 8390	责编邮箱：	chengzufen@qq.com
发行电话：	010－82000860 转 8101/8102	发行传真：	010－82000893/82005070/82000270
印　　刷：	北京九州迅驰传媒文化有限公司	经　　销：	各大网上书店、新华书店及相关专业书店
开　　本：	720mm×1000mm　1/16	印　　张：	14
版　　次：	2021 年 10 月第 1 版	印　　次：	2021 年 10 月第 1 次印刷
字　　数：	224 千字	定　　价：	68.00 元
ISBN 978－7－5130－7744－6			
京权图字：01－2021－6975			

出版权专有　侵权必究
如有印装质量问题，本社负责调换。

本书使用缩略语一览表

原始表述	各章节中使用的缩略语	在本书中对应中文翻译
知的財産	知财	知识财产
知的財産権	知财权	知识产权
中学校技術・家庭科技術分野	中学校技術科もしくは技術科	初中技术科目
高等学校	高校	高中
高等専門学校	高専	高等专科学校（简称高专）
公益社団法人発明協会，社団法人発明協会	発明協会	日本发明协会
一般社団法人日本音楽著作権協会	JASRAC	日本音乐著作权协会/JASRAC
独立行政法人工業所有権情報・研修館	INPIT	日本工业所有权情报研修馆/INPIT
産業財産権標準テキストの有効活用に関する実験協力校	産業財産権実験協力校	产业财产权实验合作学校
特許電子図書館	IPDL	专利电子图书馆/IPDL

注：文中关于法律名称、课程名称、文献名称等固有名词，使用原有表述。

前　言

受东日本大地震、福岛核泄漏事故和欧洲金融危机等的影响，日本经济持续低迷，为了扭转这一局面，日本政府推出《第四期科学技术基本计划》，根据其中对日本经济体制提出的建议，迫切需要大力推进科技创新。在推进区域创新、提高国际产业竞争力的过程中，专利权、实用新型权、商标权、外观设计权、农林水产业的培育权等知识产权的确立与运用非常重要，甚至不可或缺。

日本知识产权领域的人才培养，覆盖范围广泛，从初等、中等教育开始直至高等职业技术学院、短期大学、大学、研究生等高等教育，并延伸到以社会大众、专家为对象的职业教育。2006年，日本政府还特别出台了《知识产权人才培养综合战略》，谋求建设体系化的知识产权教育事业。但是，后来由于知识产权战略国际化等的客观环境的不断变化，使这一战略逐渐不能适应新情况。在当时，举日本全国产学官民之力，重新完善相应的知识产权人才培养体系是当务之急。小学、初中和高中率先根据最新版《学习指导纲要》，投入到知识产权教育的研究和实践中。2012年，日本知识产权战略本部制定并颁布了《知识产权人才培养计划》。

知识产权教育分会是日本知识产权协会下设的分会之一，主要职责是负责知识产权人才培养工作，致力于小学、初中、高中、高等职业技术学院、大学等的知识产权教育状况的研究，该分会积极在日本各地举办研讨会，截至2013年1月已经举办25期。在分会迎来建会10周年之际，策划出版此书以纪念这一重要历史时刻。本书的编写和出版得到了很多老师的大力支持。本书凝聚了奋斗在教育一线的教师的实际经验和智慧结晶，归纳了日本知识产权教育的现状及教学实例。当然，在理论研究方面，我们今后仍将不断深入探索和研究。

日本在教育方面一直偏重于知识的灌输，我们应该认真反思，把教育的重点转移到培养创造能力、提高人际沟通能力、提高独自或合作制造物品的能力上来，推出不与社会体系相脱节的综合教学方法。笔者认为，真正的教育应该是教师和学生共同学习，一起思考如何将知识和实践成果与自身成长、发展相联系，如何为社会做出贡献。

现在的年轻人，终将自己成长，奔向社会，翱翔世界。为此，希望本书能够促使年轻人对日本科学技术立国战略满怀自信，茁壮成长。最后，向为此事业做出贡献的各位执笔老师表示深深的敬意和感谢。

2013 年 3 月 1 日

目　　录

第1章　什么是知识产权教育 ·· 1

第2章　知识产权教育趋势 ·· 5
2.1　知识产权教育的历史 ·· 5
2.2　小初知识产权教育趋势 ·· 8
2.3　高中知识产权教育趋势 ··· 11
2.4　高专及大学的知识产权教育趋势 ··· 16
2.5　中国及韩国的知识产权教育趋势 ··· 20
2.6　欧美知识产权教育趋势 ··· 24

第3章　小学的实践案例 ·· 28
3.1　利用绘本了解发明与专利——小学生知识产权教育探索 ························· 28
3.2　通过宣传页制作和商标学习，培养学生创作者意识 ····························· 35
3.3　在影像制作活动中学习针对作品及著作权的处理方法 ··························· 41

第4章　初中的实践案例 ·· 49
4.1　训练学生从身边日常挖掘创意构思，并学会表述 ······························· 49
4.2　注明参考资料，加强有连续性的技术教室文化建设 ····························· 56
4.3　从创作者角度思考著作权（知识产权） ······································· 61
4.4　发明品构思的学习——通过创意构思体验
　　　"尊重循环" ··· 67

— 1 —

第 5 章 高中的实践案例 …… 74

- 5.1 为生产新商品做市场调查、研究和开发——通过模拟体验学习知识产权知识 …… 74
- 5.2 "知识产权"作为学校固定教学科目的实践——努力将"知识产权"打造成必修通用学科 …… 79
- 5.3 "商品开发"试运行课——对原创商品"好喝鲜茶"进行商标注册 …… 91
- 5.4 工科职高的知识产权教育实践——鹿儿岛县案例 …… 98
- 5.5 商科职高的知识产权教育实践 1——与地方政府合作开发商品 …… 105
- 5.6 商科职高的知识产权教育实践 2——创造型及实践型贸易教育 …… 111
- 5.7 农科职高的知识产权教育实践 1——通过商品开发实践培养创业意识和知识产权意识 …… 116
- 5.8 农科职高的知识产权教育实践 2——专利授权及知识产权运用案例 …… 125

第 6 章 高专及大学的实践案例 …… 134

- 6.1 高专知识产权教育中的 PBL 教学法 …… 134
- 6.2 以素养科目为核心的高专知识产权教育 …… 143
- 6.3 著作权法中应对违法下载行为的教材开发与实践——在通用学科中加入知识产权要素 …… 148
- 6.4 开发并使用与知识产权及著作权法相关的远程教材——用远程教育补充教师资源 …… 152
- 6.5 大学素质教育中以所有本科生为对象的知识产权教育 …… 157

第 7 章 关于知识产权教育理论的探讨 …… 162

- 7.1 建立知识产权教育体系的摸索与尝试 …… 162
- 7.2 小学阶段的知识产权教育要点 …… 169
- 7.3 初中阶段的知识产权教育要点 …… 171

7.4	高中阶段的知识产权教育要点	173
7.5	高专阶段的知识产权教育要点	178
7.6	大学阶段的知识产权教育要点	181
7.7	知识产权教育中关于知识财产的注意事项	184

第8章 对未来知识产权教育的展望 …… 187

附录A 日本知识产权协会知识产权教育分会 …… 194

附录B "知识产权教育研讨会"研究与实践成果一览 …… 197

附录C 知识产权教育相关文献与资料清单 …… 205

后 记 …… 208

索 引 …… 210

第 *1* 章
什么是知识产权教育

1. 何谓知识产权教育

随着全球化的发展，专利权、著作权等知识产权的重要性越来越高，有关专业人才的培养问题也日益成为重大课题。同时，与知识产权相关的教育举措逐步向已有的专业教育领域扩展。2008 年，日本公布《中学学习指导纲要（2008）》，在原来著作权内容的基础之上，又在几个教学科目里增加了诸如"知识财产"和"知识产权"的表述。上述变化也延伸到了小学教育中，例如在《日本国语指导要点》中增加了有关著作权应对方式的内容。随着知识产权制度的飞速发展，与知识财产有关的教育（知识产权教育）应该不仅面向工科高专的专业教育，也应该在义务教育及高中公共教育科目等的普通教育中普及。

"知识财产"的含义是什么？根据《知识财产基本法》，"知识财产"的定义包含三项内容：①人类创造性活动的产物；②用于企业活动的商品或有此作用的物品；③在企业活动中对技术或经营有用的信息。另外，专利权、著作权以及一些其他受法律保护的权益的相关权利，也以知识产权的概念在法律上被规定。换言之，"知识财产"的概念包含且大于"知识产权"的概念。所以，很多人曾把"知识产权教育"只理解为对专利权和著作权的教育，其实远远不止于此。应该从包含且高于知识产权内容的"知识财产"的基础之上广义地理解"知识产权教育"。

以前，知识产权教育目标一直被定义为"对创造性的培养和对尊重知识财产的知识产权意识的培养"（来自2011年知识创造循环专门委员会）。意识一般指向精神或意念层面。但是，培养尊重知识财产的态度不只是对精神和意念的培养，对知识财产的知识及判断能力的培养也非常必要。另外，关于创造性的培养，不能仅局限于引导人们对知识财产本身或与之相关的个体进行尊重，了解集体的重要性也非常重要。因此，各种创造性学习活动产生的成果，以及学习过程本身，都应该被纳入知识产权教育的范围。知识产权教育应该贯穿初等、中等、高等教育及社会教育各个阶段，应该将其作为未来重要的教育课题进行研究和普及。

综上所述，本书将"知识产权教育"定义为"包括知识产权在内的与知识财产相关的普及教育和专业教育"。

2. 本书的知识产权教育对象

目前日本的知识产权教育状况是，除了在一些大学设立了独立课程，在中小学阶段尚未设立独立的教学科目。但是，如前文所述，在幼儿园、小学、初中、高中、高等专科学校*、大学等在校教育各阶段都在探索和尝试。因此，本书将对在校教育阶段的相关知识产权教育实践和理论研究进行介绍。

在校教育阶段的教学实践与理论研究对知识产权教育的整体推进十分重要，特别是在高等专业教育中对知识产权的深入引导非常有必要。但是，高等专业教育中的知识产权教育没有其他教育的历史长，亟须像其他领域的教育一样进行体系化建设。在普及教育中，则必须遵守原有教育科目及教学目标优先的原则，参考环境教育和信息教育在普及教育中推行的经验和方法，即在原来科目的教学目标下，在各教学科目和丰富多彩的学习活动中穿插相关教学内容，尽量分别从纵向和横向多角度地与教学内容产生关联。

---

* 后文将与中国概念基本相同的"职业高中"简称为"职高"，将日本教育体制特有的"高等专科学校"简称为"高专"。——译者注

日本知识产权协会知识产权教育分会作为专门从事知识产权教育的组织，现阶段正致力于所有与在校知识产权教育相关的实践和研究的梳理和归纳。目前，尚未推进到能够建立知识产权教育体系的程度。但是，本书将以未成年人为对象（小学、初中、高中、高专及大学，也包括一些职业高中的专业科目），以知识产权教育的经典实践案例为主要内容进行介绍，在此基础上对知识产权教育的体系化建设进行探索，并对相关理论研究开展探讨。

3. 本书的结构

如图1-1所示，本书由四个部分组成：知识产权教育趋势、知识产权教育实践、知识产权教育理论研究、资料。知识产权教育实践部分涵盖了从小学到大学的所有教学阶段，并据此在理论研究部分总结提炼出各阶段知识产权教育的要点及注意事项。

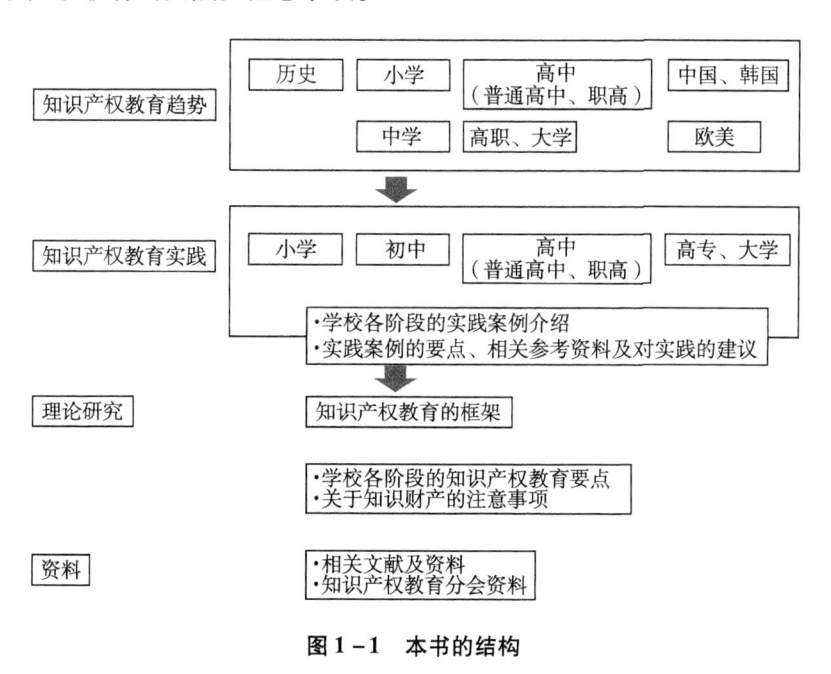

知识产权教育趋势：历史、小学、高中（普通高中、职高）、中国、韩国、中学、高职、大学、欧美

知识产权教育实践：小学、初中、高中（普通高中、职高）、高专、大学
- 学校各阶段的实践案例介绍
- 实践案例的要点、相关参考资料及对实践的建议

理论研究：知识产权教育的框架
- 学校各阶段的知识产权教育要点
- 关于知识财产的注意事项

资料：
- 相关文献及资料
- 知识产权教育分会资料

图1-1 本书的结构

（执笔人：村松浩幸）

参考文献

知的創造サイクル専門調査会「知財人材育成総合戦略」http://www8.cao.go.jp/cstp/tyousakai/ip/haihu29/siryo5.pdf（2011/12/22 最終確認）

第2章
知识产权教育趋势

2.1 知识产权教育的历史

2002年,《知识财产基本法》第2条明确定义了"知识财产"和"知识产权"这两个术语。同年,以"知识产权教育"为原型的缩略语"知产教育"这一词汇在内阁知识财产战略会议公布的《知识财产战略大纲》中出现。可见,知识产权教育还是一个新词汇。知识创造循环专门委员会是知识财产战略本部下属的专门调研机构之一,于2006年发布了《知识财产人才培养综合战略》,将"知产人才"分为知识财产专业人才(狭义的知产人才)、知识财产创造及管理人才(广义的知产人才)和后备人才三大类。其中,后备人才是指"具备与知识产权有关的一般性知识,未来可能创造知识财产"的人,显而易见,后备人才将从知识产权教育中获益良多。

根据上述知识产权教育定义的新变化,在新版《学习指导纲要》(2008年公示初中版、2009年公示高中版)的若干教学科目中提出了"知识产权"这一表述。但是,作为知识产权教育要素的创造性培养、著作权等有关表述依然存在。下面选取《中学学习指导纲要(2008)》技术家庭科目中的有关内容进行举例说明,如表2-1所示。可以看到,1998年出现了"著作权"一词,2008年则进一步使用"知识财产"一词,相关内容也有所增加。

表 2-1 知识产权教育演变实例

修订时间	相 关 内 容
1988 年	培养主动构思<u>创造</u>的能力和勇于实践的态度
1998 年	培养主动构思<u>创造</u>的能力和勇于实践的态度 个人信息及<u>著作权</u>的处理与保护,了解对所传播的信息应负的责任
2008 年	培养主动构思<u>创造</u>的能力和勇于实践的态度 了解对<u>著作权</u>及所传播的信息应负的责任,对信息道德的考量 认识信息通信网络中保护<u>知识财产</u>的必要性及应对方式

为支持这项新举措,日本文化厅于 1996 年开始普及使用计算机之初就编制了通俗易懂的著作权读本,在全国的初中发放,以便部分学生了解学习著作权。从 2003 年起的十年,又面向从小学到高中的学生开展了"著作权教育研究合作学校"项目①。另外,日本特许厅*也从 1998 年开始提供与产业财产权有关的教材,并于 2000 年又面向使用该教材的职高和高专学生开展"推进合作学校项目"②。该项目从 2011 年开始由日本工业所有权情报研修馆(INPIT)承办实施。

还有日本发明协会举办的"全日本学生儿童发明创意展"③,以竞赛的形式支持知识产权教育,截至本书撰成时间(2012 年)创意展已举办 70 次。此外,还有日本文部科学省、日本特许厅、日本专利代理师协会、日本工业所有权情报研修馆(INPIT)主持的面向高中生、高专生及大学生的"发明专利竞赛"项目(从 2002 年开始)、"外观设计专利竞赛"项目(2009 年正式实施)④。

---

① 著作权教育研究合作学校项目,http://www.bunka.go.jp/chosakuken/hakase(2012 年 12 月 22 日最终确认)。

② 推进合作学校项目,http://www.inpit.go.jp/jinzai/educate/coop/index.html(2012 年 12 月 22 日最终确认)。

③ 全日本学生儿童发明创意展,http://koudki.jiii.or.jp/hyosho/gakusei/gakusei_yoko.html(2012 年 12 月 22 日最终确认)。

④ "发明专利竞赛"与"外观设计专利竞赛",http://www.inpit.go.jp/jinzai/contest/index.html(2012 年 12 月 22 日最终确认)。

* 日本政府机关之一,相当于中国的国家知识产权局。——译者注知识产权教育内容涉及若干教学科目，应该在哪个阶段与哪个科目关联，用什么关联，关联到什么程度，如何系统地教学，什么方法最合理，当时对诸如此类的问题都没有明确答案。2001 年以来，在日本特许厅牵头的"大学支持项目"和文部科学省主持的"现代教育需求举措支持项目"的框架下，包含义务教育阶段在内的知识产权教育方式的理论及实践研究得以推进，出现了许多教育模型与实践案例。2009 年，由于业务分工的深入，上述举措又显现下行趋势。一直以来，由文部科学省及文化厅负责著作权教育的推进非常明确，但是，产业财产权教育的开展由日本特许厅负责还是由文部科学省主导，则比较模糊。

为了普及并深化知识产权教育，2007 年日本知识产权协会设立了知识产权教育分会[①]。该分会成员不只有教育学研究者，还有广大的学校一线教职员工、职业教育及社会教育的同人。分会成员正有组织、有计划地进行探索和讨论活动，有关分会活动的详情请参考附录 B。

（执笔人：松冈守）

---

① 知识产权教育分会，https：//www.ipaj.org/bunkakai/chizai_kyoiku/index.html（2012 年 12 月 22 日确认）。

2.2　小初知识产权教育趋势

1. 小初课程体系外的知识产权教育概况

近年来，小学及初中知识产权教育进展很大，本节将对其进展状况进行概括性介绍。

以前的小学及初中知识产权教育以日本专利代理师协会举行的派出授课为主。派出授课是日本专利代理师协会的社会服务项目，面向小学生、初中生及高中生，在全国各都道府县每年举办 90 次以上。特别是针对小学生的授课很多，内容包括介绍发明、专利制度、专利代理师的工作内容等（川村，2011 年）。日本发明协会从 1974 年也开始推出社会教育项目，在全国各都道府县设立了少男少女发明俱乐部，活跃地开展着活动。另外，日本发明协会举办的"全日本学生儿童发明创意展"也有 70 年以上的历史。综上可见，小学及初中知识产权教育正在以学校课程以外的活动或派出授课的形式丰富多彩地开展着。研究知识产权教育，应该多关注这些举措，从中进行总结和学习。

2. 小初教育课程内的知识产权教育概况

《学习指导纲要》是文部科学省公示的教育课程标准，规定了各教学科目的教学目标及教学大纲。2008 年公示的《学习指导纲要》，在小初部分增加了关于知识财产的表述。记载于《学习指导纲要》中的内容将被作为官方指导内容获得推广，各出版社在出版的相关教材中也会使用。

例如，在《学习指导纲要》小学部分"总则"的信息道德指导中有对知识产权内容的要求，因此，在道德课的信息道德相关内容中添加了著作权；在国语课的引用方法中也加入了相关著作权内容。中学部分，则在音乐、美术及技术等几个科目出现了知识财产相关的表述，特别是在技术科目中不只出现了著作权，还出现了涉及产业财产权的内容和想法等。这些都预示着那一时期是普及知识产权教育的良好时机。

著作权的学习在中小学的知识产权教育中占比最大，这得益于在日本文化厅强有力的牵头下，有关团体对启蒙活动和推进活动的实施，教材及指导方法都很充实。因此，除著作权以外的其他知识产权的教育也应该参考著作权教育举措的经验。

3. 初中技术科目的知识产权教育实例

初中的技术科目以技术为主要教学内容，与技术相关的教学实践和研究也在不断充实，因此除了著作权内容之外，在技术科目的教科书中不只对产业财产权进行了详细解释，还增加了日本十大发明、专利、技术开发等专题栏目，甚至出现关于创意、发现以及如何表述创意和发现等广义上的知识财产内容。技术课也是今后开展知识产权教育最值得期待的教学科目。

技术课最具代表性的实践案例就是机器人竞赛上的专利模拟申请。具体来讲，就是以制作机器人的创意为基础进行专利模拟申请，如果模拟申请获得日本特许厅授权，则可以换取一定的学分或实验材料，通过这种方式提高学生的创意动力。由于模拟申请授权不通过则不能交换学分，所以这会让学生意识到在这一过程中不只需要动脑筋、思考和创意，也必须注重书面表达的准确性，由此促进学生提高对知识产权制度重要性的认识，以及对知识财产的尊重。以前的知识产权教育偏重于讲义和教室内创作，与之相比，这种模拟专利制度的体验型的学习更加有效。相信这种深层次的教学实践方法将会得到继续发展与普及，应用于机器人以外的教学中。尤其是在专利模拟申请中，对创意的表达与语言的学习能力有关，因此这种教学方法有利于提高用语言文字表达专利知识的能力。

（执笔人：村松浩幸）

参考文献

川村武（2011）「知的財産支援センターにおける知財教育」日本弁理士会『パテント』第64巻第14号，pp. 1–7

2.3 高中知识产权教育趋势

1. "实验合作校项目"的开始与沿革

提到高中知识产权教育,现在由日本特许厅及 INPIT 推行的"开发知识财产相关的创造力、实践力、运用力项目"(以下简称"合作校项目开发事业")不容忽略,有必要考察其历史沿革、现状及参与学校的举措等(表 2-2)。

1997 年,日本特许厅出版了《工业所有权标准教材专利篇》(现在的《产业财产权标准教材专利篇》[①]),无偿发放给工科职高的学生。为有效利用该教材,2000 年,日本特许厅启动"活用产业财产权标准教材的实验合作校项目"(以下简称"实验合作校项目")。此后,又陆续出版了《外观设计·商标篇》(1999 年)、《外观设计·流通篇》(2000 年),形成了系列教材。2006 年出版的《综合篇》,不仅包括产业财产权的 4 种基本权利,还包括著作权、培养人权利等,几乎涵盖了所有知识产权内容。2004 年,根据《工业所有权标准教材专利篇》出版了教师参考书《产业财产权教学指导大纲与指导手册(专利篇)》(以下简称《教学指导大纲与指导手册》),其中介绍了教学指导方法与各学校的实践案例。此外,在标准系列教材的《综合篇》发行后又配套出版了《教学指导大纲与指导手册(综合篇)》,首次体系化地归纳了知识产权教育的推进方法、如何开展知识产权教育 3 个学习领域(体验型学习、创造型学习、知识产权学习)的学习以及具体教学案例。

---

① 现在由 INPIT 发行这一系列教材及参考的指导书。

表2-2 "实验合作校项目""推进合作学校项目"合作校项目开发事业实施状况一览表

	2000	2001	2002	2003	2004	2005	2006	2007	2008	2009	2010	2011	2012	累计校次	实际校数	全国对象校总数	落实率（%）
工科职高	17	49	64	57	54	54	44	39	23	25	34	39	48	547	218	565	38.6
商科职高	—	—	7	17	23	21	231	23	10	10	13	11	21	187	96	697	13.8
农科职高	—	—	7	17	22	18	13	9	6	12	10	13	127	57	332	17.2
水产职高	—	—	—	—	—	—	—	—	2	3	5	10	5	44	11.4
职高小计	17	49	71	81	94	97	93	75	42	41	61	63	87	871	376	1638	23.0
高专	—	5	16	15	15	14	13	15	17	15	19	14	13	171	47	57	82.5
总计	17	54	87	96	109	111	106	90	59	56	80	77	100	1042	423	1695	25.0

注：1. 2000—2010年为"实验合作校项目"和"推进合作学校项目"，从2011年开始为"合作校项目开发事业"。

2. 对象校数据为2011年文部科学省的统计，是全国对象学科数的合计。小计、总计部分为所有对象校。

3. 单纯合计。

4. INPIT（2001）第22页补记。

"合作校项目开发事业"在"实验合作校项目"的基础上进一步充实和拓展，有效利用上述5本标准教材与2本《教学指导大纲与指导手册》①，将始于工科职高的一系列项目扩展到高专及商科、农科、水产等众多领域的学校，合作学校总计达到1042所（其中428所为曾经参与），在知识产权教育落实与发展方面发挥了巨大作用。

上述知识产权教育是在1995年公布的《科学技术基本法》中提倡的"科学技术创造立国"、1996年中央教育审议会在申报中提出的"教育应促进自发学习思考"的理念背景下开展的，也就是说，当时日本政府已经

---

① 现在由INPIT发行这一系列教材及参考的指导书。

注意到比起单纯注重知识传授更应该"培育思考力与判断力"。于 1999 年公布 2003 年实施的《高中学习指导纲要》中,对工业课的"工业技术基础"内容明确要求"简单涉及工业所有权"。另外,日本 2002 年出台了《知识财产基本法》,每年根据这一法令推出年度推进计划,明确了知识产权教育的方向为:知识财产道德与意识的启蒙与普及,并进行相关人才的培养。

合作校项目开发事业首先从 17 所工科职高开始推进,纵观其发展可以分为三个阶段:第一阶段为 2000 年至 2005 年,合作学校持续增加到 111 所;第二阶段为 2006 年至 2009 年,合作学校减少到 56 所;第三阶段为 2010 年到 2012 年,合作学校又有所增加,2012 年达到 100 所。

在第一阶段,合作学校把获取专利权作为最终目标,在教学方法上,一边介绍相关制度,一边以申请专利为目标开展发明制作活动。在实际效果上,这种教学方法虽然能给学生带来新奇感,但如何开展活动、开展什么活动都是待解决的问题,因此这一阶段也是很多学校试错的阶段,这也是为什么从 2005 年开始合作学校减少的原因。

在第二阶段,虽然合作学校有所减少,但如前文所提到的,这一时期出版了《教学指导大纲与指导手册(综合篇)》,明确了比较体系化的知识产权教育方法,公布了一些教学案例。直到 2009 年,在合作学校持续减少的同时,也有一些学校为了落实知识产权制度有关教育,抓住知识产权教育的核心内容,以体系化的体验型和创造型学习为目标,展现知识财产的本真——"创造的喜悦、社会贡献的意义、对自我和他人的尊重",有效地开展了知识产权教育。当 2009 年合作学校数目降至最低点时,这种体验型和创造型学习的教学案例也从全国的合作学校中应运而生。

在第三阶段,创造型及实践型学习的教学举措层出不穷,各合作学校发掘自身特色采取了多种多样的教学方式,比如,将知识产权教育主要内容与日常教学活动有机结合、与专业课或教学科目紧密结合提高教学效果、与地方和产业界合作等。在此基础上,有一些走在前列的学校更进一步,鼓励知识财产成果申请获权,并将教学案例汇编成报告。

2009 年公布 2013 年实施的新版《高中学习指导纲要》总则中,提倡在现行学习指导纲要以"基础知识及基本内容稳步落实"为核心的基础上，进一步"培育解决课题所必需的思考力、判断力、表述力及其他相关能力"。新版《高等学校学习指导纲要》对教学科目也作出明确规定，关于"信息""艺术"等的公共科目，都要求学习信息道德、著作权保护等与知识财产有关的内容；对于"农科""工科""商科"等专业课程，也明确要求在几个科目中学习知识财产的具体内容。从 2013 年开始，这些举措不仅反映在职高，普通高中也急切要求推进知识产权教育。

2. 高中知识产权教育现状

2000 年到 2012 年间，在试错阶段，通常采取在教室与学生面对面的教学方式，在此基础上形成教材和教案。之后，在原来的高中与高中合作的基础上，又出现与全国各地方联合、派驻到中小学授课、与各地方的大学或企业等形成产学官联合等合作模式，这样不仅对中学，而且对地方产业的发展也做出了颇多贡献。对教学成果显著的学校进行归纳，可以看出成功的要点有以下几个方面：专业教育目标踏实；与知识产权教育有机结合；构建起有组织的指导体制；将知识产权教育"可视化"；在日常教学活动中让人意识到知识产权教育的重要性；加强校内教职员对知识产权教育的理解。

3. 获取知识产权成果与相关研究

随着知识产权教育的稳步推进，申请获权一事也迎头赶上。原本将知识财产权利化并非知识产权教育的目标，其教育要旨是"培育学生能理解利用知识财产，具有丰富的创造力"。但是，随着知识产权教育的深入，学校一般都会将知识财产成果权利化，或提供相应的应对策略，预示着体验应用型的教学时代已到来。

根据 2012 年 7 月的调查结果，全国高中生及高专生已获得专利权 55 件（高中 31 件、高专 24 件）、外观设计权 30 件（高中 29 件、高专 1 件），如图 2-1 所示。取得这一成果，除了国家层面和专利代理师协会举办专利竞赛、外观设计竞赛等的支持外，还因为各学校不仅局限于举办模拟知识产权的体验型教学，更有对从发明、获权到利用整个过程的真实指导教学。在商标领域，以商科、农科、水产等职高为中心，采用了与专利权和外观设计权进行对比的通俗易懂的教材。随着商品的开发，商标注册的教学案例也有所增加。据调查，2008 年商科职高注册商标 34 件，且此后持续增长。

据《教学指导大纲与指导手册》的记录，工业所有权情报研修馆(INPIT)2008年1月统计结果显示，高中的专利获权状况为：专利14件，商标2件，待申请3件。
根据校长协会2009年3月相关统计结果，学生开发商品的商标注册情况为：商标34件，外观设计2件。

⬇

根据全国知财创造研究会2011年7月统计结果，高中及高职的专利获权状况为：高中的专利26件，外观设计14件，待申请10件；高专的专利22件。总计72件。

⬇

根据全国知财创造研究会2012年7月统计结果，高中及高职的专利获权状况为：高中的专利31件，实用新型2件，外观设计29件，待申请10件；高专的专利24件，外观设计1件。总计97件。
*注：很多学校注册了商品的商标，但是没有相关统计。

图 2-1　高中及高专专利权和外观设计权获权状况

培养学生创造力、实践力和利用力的举措，以及申请获权的体验，无疑培养了学生从学校走向社会的能力，并提供了机会。因此，有必要进一步推动相关教学实践，就如何保护学生所获权利、如何支持对所获权利的有效利用等进行深入探讨。

（执笔人：筱原裕明）

参考文献

INPIT（2010）『産業財産権指導カリキュラムと指導マニュアル（特許編）』INPIT

2.4 高专及大学的知识产权教育趋势

1. 高专知识产权教育趋势

所谓高专,与大学教育体系不同,是以培养技术人员为目标,接收中学毕业生进行5年一贯制教育的高等教育机构。目前,日本全国有公立高专院校51所,私立高专院校4所。一般高专的教学体制是:学生接受5年基础教育,除此之外,学校还设立了专业科目,学生可以继续进行2年的专业科目学习。

高专以开阔视野、培养丰富多彩的人格教育为目标,其最重要的教学特点是尽力平衡基础科目和专业科目,重视实验型和实习型的专业教育,让学生获得与大学同等的专业知识和技术。高专毕业生约有60%就职于企业,剩余的40%通过考试继续进修专业科目或升入大学。

高专学生入学后要接受5年一贯制的基本教育,或者接受7年的教育。事实证明,在这种体制下开展知识产权教育非常有效,高专院校已成为不可或缺的培养技术人员的教育机构。

为了解知识产权教育的现状,有关机构也针对国立高专进行了专门调研,调研结果表明全国的高专都在切实地推进知识产权教育。高专推进知识产权教育分两个阶段,即基础科目学习和专业科目进修两个时期,约有65%的高专院校在基础科目学习和专业科目进修两个阶段实施知识产权教育,约20%的高专院校只在基础科目学习阶段实施知识产权教育,其余15%的高专院校在专业科目进修阶段才实施知识产权教育。每所高专院校实施的知识产权教育内容也各有不同。对于相当于普通高中一至三年级的高专学生,大多数高专院校重在培养其知识财产意识,随着学生不断升至更高年级，再逐步增加与专业科目和专业研究相关联的产业财产权内容，特别是专利权内容。但是，根据调查显示，有些高专院校在一至三年级的低学年阶段几乎没有实施知识产权教育，也没有建立知识产权教育体系。只在专业科目进修阶段实施知识产权教育的高专院校也有两个倾向，一是教授更专业的产业财产权内容及与法律相关的内容，二是只以专利权为授课对象。

具体剖析高专的知识产权教育科目可以发现，很少有学校直接将"知识财产"这一词汇用于科目名称，大多数学校都是把知识财产的内容作为要素纳入法学或原来的常规科目，或者把知识产权教育内容贯穿在技术人员伦理等科目中。由此可见，我们在普及和开展知识产权教育时，不仅要把关注点放在知识产权教育科目的建立和充实上，也应该尝试在常规科目中加入知识产权教育内容，这是行之有效的办法。

另外，很多高专院校还在正规授课之外充分利用国家各种项目实施知识产权教育，例如，INPIT主导的"推进合作学校项目"等活动，日本发明协会举办的相关学生课外活动，文部科学省产学合作战略项目中关于知识产权教育的开展实施，充分利用"机器人竞赛""专利竞赛"等竞赛类的知识产权教育活动。

在《模型核心教育计划（试行）》中明确列入了与知识产权教育有关的条目，全国国立高专正在探索知识产权教育的质量保证和扎实推进的路径，可以断言，这也将是国立高专知识产权教育未来的发展趋势。

2. 大学知识产权教育趋势

大学里的知识产权教育，一般都是面向工学等专业的学生，为培养潜在研究者的教学；或者是为了培育法律专家而进行的专门知识产权教学。本章将通过举例的方式对包括专门培养在内的大学知识产权教育实施状况进行说明，在第6章第4节还会追加三重大学的案例。

（1）东海大学及东海大学短期大学部。东海大学的创建者是松前重义博士，他是"无负载电缆通讯模式"的发明者。2001年，该校制定了

《学校法人东海大学知识财产宪章》①。在宪章的"目的"中，就知识产权内容有如下阐述：主旨是"希望大学成员所创造出的知识财产为人类的发展与和平做贡献"，在此基础上进一步宣告应该通过一系列措施为地方社会和国际社会做贡献。这些措施包括：为促进研究的活跃度，对大学知识产权的保有及知识财产获权进行奖励；着重培养产出知识财产并能够利用的人才；推进知识财产技术的有效转移。

因此，在东海大学，大家都自然而然地认为知识财产对于大学非常重要。《现代文明论》是在本科和短期大学教育阶段的必修科目，这一科目中对大学创立者的建学理念作出具体阐述，其中设置有"什么是知识财产"的主题课程。另外，学校还面向全校学生设立"知识财产法"作为副专业，所有学生都可以申请学习，并通过考核获得学分。东海大学的知识产权教育举措作为创造性教育和创业家内在精神教育的一环，还被扩展到初级教育、初中教育及高中教育。东海大学的上述一系列知识产权教育举措，来源并发展于芬兰的"巴萨模型"，在业界被称为"知识产权教育东海大学模型"②。

（2）山口大学。山口大学在基本素质教学培养阶段到研究生培养阶段都开展了知识产权教育，部分成果如下：文部科学省的"现代教育需求举措支持项目（现代 GP）""2005—2007 年理工科学生知识产权实战教育""2007—2009 年面向计划从事教师行业的学生开展实践型知识产权教育"。山口大学设立的涉及知识财产的课程如下：本科公共科目"知识财产入门"（下半学期 2 学分）、工学系专业科目"知识财产概论"（2 学分）、研究生科目"知识产权论"（1 学分）、专业研究生院面向社会学员开设的比较成体系的知识财产科目、在教育学系的技术教育课程中面向教师设立的体系化的知识产权教育授课技巧科目。另外，该校还在 moodle 教育支持系统里配制了学校内部的知识产权教育动画教材和学习测试试题，并开发了专有专利检索系统，数据映射环境完备，学生无论是在校内还是在校外都可以在这个系统里利用 CSV 文件夹梳理或获取相关专利信息。2013 年，山

---

① http：//www.u－tokai.ac.jp/about/collaboration/policy/policy01.html.
② 信息由东海大学法学院角田政芳教授提供。

口大学还在公共教育科目下开设了"科学技术与社会"（1 学分）课程作为必修科目。

（3）大阪大学。在大阪大学，社会科学系教师设立了知识产权中心（IPrism）①，以这个中心为主开设了全校公共科目（大一）、法学系专业科目（本科生）、研究生科目（高级副专业项目）、知识产权专家培养研究生科目。并且，为了支持这些科目教学的开展，还导入了远程教育、学生学习用公文包系统（公文包）等课程管理指导系统。

（4）大阪教育大学。2005 年，大阪教育大学通过了文部科学省的选定，承接了"现代教育需求措施支持项目（现代 GP）"，至 2007 年的 3 年间一直实施主题为"构建知识产权教育教师培养体系——促进知识创造循环与学校教育相结合"的项目。在文部科学省支持的这个项目终止后，大阪教育大学培养的知识产权教育师资仍然坚持自己任教的课程，开展知识产权教育。与此同时，大阪教育大学在基础教学科目和教师培养科目中也仍然坚持开展知识产权教育。其中，在基础教学科目中，上下两个学期各开设 1 课时的"知识产权入门"，在学生中的受关注度很高。该课程不只面向大一的学生，高年级学生也可以参加，其内容包括从专利权到著作权所有知识产权的基础概要。在作为专业课程的教师培养科目中，每年暑假安排集中培训，外聘教师就"著作权与学校教育"授课 1 课时。在学校教育阶段，学生可以学习重要的著作权基础知识，参加学习的学生也在逐年增加，可以推想这一教育活动将在学生中稳扎稳打地推进。

（执笔人：松冈守、谷口牧子、本江哲行）

---

① http：//www.iprism.osaka-uac.jp/center/system.html.

2.5　中国及韩国的知识产权教育趋势

通过本书的介绍可知，日本在全国范围内推行着丰富多彩的知识产权教育举措，这与其他一些国家情况一样。想对日本以外所有国家的知识产权教育状况加以介绍和研究绝非易事，本书只能对笔者研究范围内的内容加以介绍。中国和韩国是日本知识产权教育的重要合作伙伴，为实现中日韩三方携手、引领亚洲知识产权教育的目标，本小节将概括介绍中国和韩国的有关情况。

1. 中国知识产权教育状况

中国政府为了加强知识产权建设，确立了知识产权强国战略，并围绕这一战略目标实施了一系列教育措施。2007年，中国政府发布"百千万知识产权人才工程"，计划在2011—2015年中国"十二五"规划的五年间开展大规模知识产权人才培养，具体目标是：培养200名精通各国知识产权法律法规、熟悉知识产权国际规则的高学术水平人才；培养2000名在知识产权管理、专利审查等各知识产权相关领域业务能力强的骨干；培养3万名企业、国家机关以及专利事务所从事知识产权业务的专业人才。

中国在初级到中级教育阶段所开展的知识产权教育趋势是：一般在城市内选定知识产权教育示范校，率先实施领先的知识产权教育活动，然后逐步向邻近学校辐射。笔者曾经访问了天津市实验中学，该校是天津市知识产权局于2007年指定的一所示范校，实行从初一到高三的六年一贯制教育。根据笔者对该校的调研，可以了解到以下情况：①面向初一及高二的全体学生全年开展20小时知识产权相关授课内容；②在知识产权以外的科目也实施知识产权教育，称作"沉浸式教育"；③以感兴趣的同学为主要成员成立发明创造兴趣小组，致力于参加"全国青少年科技创新大赛中学生科技创新成果竞赛"（发明创造竞赛）活动。另外，笔者于 2012 年访问重庆市时拜访了西南大学附属中学的教师，了解到以下情况：①学校没有教授知识产权的专门教师，而是由信息或技术相关科目的教师授课；②通过小发明、小论文、小制作、小研究 4 种手段配合该校知识产权教育的推进；③对授课过程中产生的好发明进行实际的专利申请；④已经有几项专利被产品化。一般一件专利申请经费需要 3000 元人民币（约 4 万日元），除去市级和区级的补助，学生个人一般支付 200~300 元人民币；专利的维持费也有减免政策，一般个人承担每年 100 元的费用。

前面提到的"中学生科技创新成果竞赛"活动，是与面向大学生的"挑战杯"科学技术竞赛同时举办的。笔者有机会于 2005 年观摩了上海复旦大学举办的第九届"挑战杯"竞赛。该竞赛活动每两年举办一次，第九届大赛有包括香港、澳门和台湾地区在内全国各地的 430 余所学校参加，参赛作品达到 1175 件。其中，283 所学校的 701 件作品先在各地通过初赛选拔，进而在复旦大学进行决赛。决赛有来自政府、企业、媒体、教学一线等相关人员近 3000 人参与，规模盛大，"全国中学生科学技术创新成果展"作为这个竞赛的环节之一设置其中。

天津市与重庆市是省级行政区划的直辖市，在这些注重推进知识产权教育的城市，其知识产权教育，特别是发明教育的举措已经领先日本。但是，中国各地方开展知识产权教育的情况不尽相同。笔者曾经访问内蒙古自治区的蒙古族民族学校等地域偏远的少数民族学校，知识产权教育开展几乎为零。内蒙古自治区有着丰富的地下资源，正在积极促进有效利用地下资源方面的产业发展，但是对于散居的游牧民，很难实现良好的学校教育。为了解决这一难题，内蒙古地方政府集合若干学校设置寄宿制，并且摒弃了只收附近儿童的做法，儿童从幼儿园阶段就可离开父母开始住校学习。这些学校开设了传统手工艺品制作课程（相当于日本的技术科目及家庭科目），但是，他们认为只进行手工艺品制造教育不足以促进当地的产业发展，因此也计划以内蒙古师范大学为中心开展与日本机器人制造类似的活动，以激发学生的创意构思能力。

2. 韩国知识产权教育状况

韩国知识产权教育的特点之一是"英才教育"。2001 年，韩国制定了《英才教育振兴法》，使得面向中小学开展的英才教育有了法律支撑。2007 年，韩国又出台了《第二次英才教育振兴综合计划》，根据这一计划，韩国特许厅*在全国各地的发明教室设立了"发明英才班"并加以有效利用，参加学生急速增加，到 2010 年已达到 3765 人。

韩国的职高根据专业程度分为专家高中（28 所）、特色高中（470 所）、综合高中（182 所）三个级别，分别根据学生的水平进行专门化教育。专家高中的知识产权教育使用专门的教材，特色高中里有四所培养根据发明进行创业、专利管理领域等的人才。2012 年，笔者访问了上述四所高中之一的大田市大德电子机械高中，了解到以下情况：①每年申请 100 件左右专利；②夏季实施"亲子发明露营日"活动；③每周开展"周六发明俱乐部"活动。

除了学校教育，国际知识产权研究院、发明振兴会、著作权委员会、著作权教育院等韩国知识产权专门教育机构也在开展各种各样的知识产权教育。国家知识产权教育门户网站也设置了相关的远程教育课程系统，只要拥有韩国国籍的学习者都可以参加学习，为知识产权辅助教育做出巨大贡献。

韩国的知识产权教育曾经参考了日本的相关举措，但上述措施已经远远超越日本。韩国在中小学阶段的教育内容及教学科目明确，有利于知识产权教育的实施。小学的知识产权教育内容包括从基础知识到创造，在初中增加到"创造＋保护"，在高中发展到"创造＋保护＋利用"的所有内容，还明确指出中学阶段在技术科目进行知识产权教学。

在著作权领域，2010 年，李海清先生在报告中指出，韩国为了加强著作权教育和宣传采取了以下措施：①将著作权教育反映在正式教学科目中，提高青少年的著作权意识；②实施每年访问量超过 3000 余家/次的著

---

* 韩国政府机关之一，相当于中国的国家知识产权局。——译者注

作权教育课程，并导入 U-learning 学习系统。另外，在日本贸易振兴机构（JETRO）发行的韩国知识产权新闻 No.167（2010 年 2 月 11 日）中还提到如下内容："韩国政府计划在中学阶段从刷新信息课程的内容开始，在技术课程等科目中加入著作权相关内容，通过正式授课加强著作权教育""去年，韩国文化体育观光部和韩国著作权委员会面向全国 27 所中小学开展了主题为著作权保护及公平使用的教育活动"。

（执笔人：松冈守）

参考文献

李海青（2010）「韓国の著作権政策の現状と課題」2010 著作権保護センター年次報告資料 http：//www.bunka.go.jp/chosakuken/kaizokuban/asia_kaigi/02/pdf/korea.pdf（2011/12/22 最終確認）

韓国知的財産ニュース（2010）http：//www.jetro-ipr.or.kr/sec_admin/newsletter/ipn1001-167.pdf（2011/12/22 最終確認）

2.6 欧美知识产权教育趋势

知识产权教育的思维方式在教育领域尚属于新事物，因此关于知识产权教育与其他教育的对比调查研究很少。欧美则尝试了一些相关的调研项目，在这方面走在前列。本小节将介绍欧美在对比研究方面的情况，在此基础上对欧美的知识产权教育作简要概括。

1. 美国知识产权教育趋势

美国的知识产权教育由相当于日本特许厅的美国专利商标局（United States Patent and Trademark Office，USPTO）在全面推进。但是，由于美国每个州的差异巨大，所以各学校实际的落实状况也有不确定之处。美国知识产权教育最鲜明的特点是以发掘"创造与发明的才能"为最终目标，比如，为了培养发明的才能，从小学低年级开始实施知识产权教育，直到中年级开设特定的科学技术项目，讨论知识产权保护概念。"ProjectXL 项目"是具体施行措施的一个体现，关于该项目，在教师使用的《指南丛书》[①]中有相关总结。美国的知识产权教育规划根据每个学年的特点而制定不同的内容。专利制度的学习，从法律体系开始直到创意构思训练，学生可以获得全面系统学习和实践的机会。而且，《指南丛书》内容不仅包括专利权，还包括著作权。另外，还开发了若干知识产权教育相关教材（图 2-2）。

---

① I - CREATM：United States Patent and Trademark Office, http://www.uspto.gov/web/offices/ac/shrpa/opa/kids/kid - trn - curriculum.html（2012 年 12 月 22 日确认）。

图 2-2　美国小学知识产权教育教材实例

引自：I-CREATM Curriculum "Elementary School Teacher's Resource Guide"（http://www.uspto.gov/web/offices/ac/shrpa/opa/kids/kid-trn-curriculum.html）。

例如，I-CREATM 教材在"培养发明家"这一理念指引下重视实践活动，用于从小学到高中每个阶段的知识产权水平提高；还在"提高孩子的创造力"这一理念下开发了丰富多彩的系列教材，比如可以通过电子游戏形式学习的电子教材 USPTO Kid's page 等。这些从各级别层次各角度开发形成的教材[1]，明确了从小学到高中各阶段知识产权教育的目标和理念。这些教材开发时的一大特点就是有很多 NPO 组织参与。在上述这些措施的实施下，不管美国的知识产权教育体系是否足够完整，但其对知识财产的尊重、引用的规则、对他人著作权及创意的尊重等，从每个公民的幼儿时期开始就进行了彻底灌输。

---

[1] 三菱 UFJ 调研与咨询株式会社（2012 年）《2011 年开始的知识产权人才培养教材状况调查研究报告书》

2. 欧洲知识产权教育趋势

在欧洲,从整体角度看,隶属于欧盟欧洲专利局(European Patent Office, EPO)的欧洲专利研究所(European Patent Academy, EPA)负责推进大学及大学以上的知识产权教育,比如编制大学生使用的《专利教学丛书》(The patent teaching kit)等教材。但是,从小学到高中阶段的知识产权教育,则由欧盟各国自行实施。

下面举例介绍欧盟各国的知识产权教育状况。首先,横滨国立大学教育人类学系于2009年对英国的知识产权教育进行了考察,从中了解到,英国知识产权局开发了教材《思想丛书》(THINK kit)[①],如图2-3所示,80%的中学都在使用。这套教材对应贸易研究、设计与技术两门教学科目,类似于前文所述美国的工具书《指南丛书》,详细记录了对各种教材的介绍和学习指导计划。

另外,以芬兰为例,在基础学校的4~7学年设置了创新教育(innovation education)这一特别学习科目,Thorsteinsson等学者在报告(Thorsteinsson et al., 2005)中有对这一科目的具体介绍和教学实例。创新教育科目的教学目标是培养学生的创造能力,充分挖掘学生的独创实践力(creative power)和独创思考力(creative intelligence),教学内容涉及让学生意识到课题解决过程中的成果物的伦理价值(ethical value),这与知识产权思维方式相似。

芬兰还创立了教育的"巴萨模型",即芬兰巴萨市举行的创业精神教育,内容涵盖了培养创业家、知识财产人才等,也进行了很多实践。日本"知识产权教育东海大学模型"就来源于此。

---

① THINK kit: UK Intellectual Property Office, http://www.ipo.gov.uk/whyuse/education/education-thinkkit.htm.

图 2-3　面向英国教师的指导资料集

3. 总结

综上可见，欧美各国均在省部级国家机关专利局的指导下开发了若干知识产权教育系列教材，开展了创造性教育和创业家教育等活动，并在其中加入知识财产相关内容，注重实践。由于欧美的社会制度、文化背景及教育制度都与日本不尽相同，所以不能完全照搬其经验。显而易见，日本不能只向欧美看齐，也应该向前一节提到的亚洲各国学习，认真探讨日本知识产权教育的方向。

（执笔人：村松浩幸）

参考文献

横浜国立大学教育人間科学部（2009）「『学校の教育活動と著作権』に関する海外調査報告書 英国における著作権教育カリキュラム教材等に関する調査研究」

Thorsteinsson, Gisli, Howard, Denton Page, T., & Etsuo Yokoyama (2005) "Innovation Education within the Technology Curriculum in Iceland"『技術・職業教育学研究室研究報告：技術教育学の探求』第 2 号，名古屋大学大学院教育発達科学研究科技術・職業教育学研究室，pp. 1-9

川崎一彦（2005）「福祉と経済を両立させる知業時代の教育システム」『フィンランドに学ぶ教育と学力』明石書店，pp. 172-191

第 3 章
小学的实践案例

3.1 利用绘本了解发明与专利
——小学生知识产权教育探索

（对象：小学所有年级；科目：特别活动及综合学习；时间：基本设定为 2 小时）

1. 概要

本节介绍读绘本和小组活动的教学方法。绘本以小学生为对象，以早期知识产权启蒙教育内容为要素编制而成，教师通过"读绘本"的方式将知识产权内容讲给学生听，同时组织小组活动。

2. 教学宗旨

知识产权人才培养目标不只要培养专业人才，也要培养后备人才，因此在学校教育阶段充实知识产权教育必不可少。虽然知识产权教育从儿童早期阶段开始比较好，但是由于缺乏师资人才，且教育所必需的内容（contents）也不完备，所以实际现状是很难从儿童早期开始实施正规的知识产权教育。

第 3 章　小学的实践案例

在本节介绍的案例中，学校自主开发了小学低年级学生容易理解的知识产权绘本，并采用"读绘本"的方式上课，将专业知识变得通俗易懂。并且，由于教学目的不只是让学生通过绘本学习知识技巧，而且希望促进孩子对发明产生兴趣，因此在教学过程中还配合组织与"发明发现"相关的小组活动，以提高学习效果。在中小学的理科教育或综合学习中，利用绘本、在课外活动中策划与小组活动相关的企划，促进学生对"发明发现""科学技术"这些关键词的切身体会。

3. 教学目标

兴趣、动力、态度	● 对发明发现（科学技术等）和发明者（研究者等）产生兴趣并关注
思考、判断	● 树立尊重发明者和知识财产的意识
知识、理解	● 了解发明与专利的重要性及其机制

4. 教材

（1）《用发明拯救大五郎！——和和奋斗卷》

内容：和和是小学一年级学生，他的爱犬大五郎突然病倒了。和和应该用什么办法拯救自己的爱犬呢？和和怎样利用这个发明救助小镇上其他生病的狗狗呢？该教材（图 3-1）通过"什么是发明""专利是什么"等一系列简单的提问，将发明的本质及专利的本质加入和和与大五郎的友情故事中。整个故事内容涉及从发明到专利申请，再到实施的全过程。

图 3-1　第 1 卷封面

(2)《和和大战坏经理——使用专利光束卷》

内容：和和凭借自己的发明能力不只救助了小镇上的狗狗，还逐渐扩展到救助全日本需要帮助的狗狗。此时这个救助发明却突然被坏人盗走，让和和蒙受了巨大的损失。和和与他身边的人能脱离困境吗？这个绘本（图3-2）中的故事不仅让孩子感受到专利的力量，还让孩子产生对发明者的敬意，由衷发出"专利真厉害""发明家真厉害"的感叹（图3-3）。另外，其中的故事情节也涉及了专利权实施、侵权、纠纷等内容。

图3-2　第2卷封面　　　　　　　图3-3　专利制度的说明

绘本的每一卷都由可爱的配图和欢快的故事内容构成，即便非常小的孩子也可以很好地接收信息并理解。这套绘本的上卷针对小学低年级学生到中年级学生，下卷针对小学中年级以上的学生。另外，为了给小孩读书的大人补充专业知识，每卷绘本的最后都追加了相关知识产权知识的解读，措辞易于理解，由专利代理师等人士撰写[①]。

5. 教学实践

实践部分的阐释以表3-1中的1小时30分钟授课为例，其中不包

---

① 本活动的实施主体是知识财产流动系统分会（简称 KMS），是知识产权管理研究会（Smips）的下设分会之一，于2002年4月20日成立，目的是在研究人员（主要是大学内部）与社会之间架起桥梁，将研究者的知识（广义上的知识产权）或知识成果适当向社会输送。

括10分钟休息、10分钟填写调查问卷时间。①

表3–1　读绘本流程

开场	10分钟
读第1卷	10分钟
发明发现抢答竞赛	10分钟
小组活动开场	10分钟
休息	
小组活动	30分钟
读第2卷	10分钟
发表感想、意见交换、总结	10分钟
填写调查问卷、解散	

虽然面向小学生的知识产权教育尚未普及，但是很多小学生都知道"专利""发明"等这些词汇。因此，在开始引用这类词汇之前要先确认一下授课对象的知识掌握程度，可以让学生们举手示意是否听说过这些词汇。

在读故事这一环节，操作方法视学生人数而定，人少的时候教师可以直接拿着绘本读。但是对于低年级学生，一般采用"民间小电影"*的形式更容易加深理解。人多的时候，也可以使用投影仪投放大画面，全体工作人员参与故事人物的演出则更有教学感（图3–4）。在给学生讲故事时，要在声音高低

图3–4　教学一线读绘本实践

起伏上下功夫，这样无论哪个年级的学生都会专注到绘本内容上。

抢答题目一般设置6~8个，包括诸如"世界上年龄最小的发明者是

---

① 除了在本节介绍的教材以外，还有关于创业的绘本、宇宙的绘本、深海的绘本等教材。小学可以根据实际需求自行组合使用上述教材，举办相关的小组活动，提高学生发明发现的意识。

* 日本一种传统民间技艺，利用一个有门的木框，教师提前准备好几张切换用的图片，并按照故事情节先后顺序放在门后，打开门后，边讲故事边切换图片，像放电影一样。——译者注

几岁?""日本一天能产生几件专利?"等能用数字回答的题目,或者类似于"这个房间里使用了专利的东西有哪些?"等题目,让孩子们搜寻有切身实感的发明,感受其所蕴含的心血。特别指出,如图3-5所示的题目,可以帮助孩子们很好地理解发明与发现的区别。

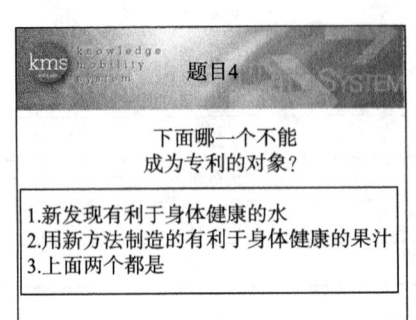

题目4	答案
下面哪一个不能成为专利的对象? 1.新发现有利于身体健康的水 2.用新方法制造的有利于身体健康的果汁 3.上面两个都是	1.新发现有利于身体健康的水 发现不是发明! 发现是指新"注意到"。 发明是指新"制造"。 二者都很重要, 但是,只有发明才能获得专利。

图 3-5 "发明发现"抢答题目

小组活动环节的内容也都是原创的,所以学年对象、人数、所需时间以及举办活动的预算等,因具体情况都有所不同①。表 3-2 是 2011 年的具体实施范例。

表 3-2 2011 年的具体实施范例

主题	内容	预期效果
味道是什么?	先让学生了解味道产生的机制,然后介绍从自然界生长的神秘果中提取出"神秘果蛋白"的日本发明人,最后让学生实际体验将某种酸味食物与神秘果同吃的效果	亲身体验发明人发明的产品,了解产品的产生机制,同时了解研究者的信息,引起学生对致力于发明的"人"的兴趣
污渍里的科学	先让学生了解什么是污渍,以及污渍的种类,之后学习肥皂去污的原理,并实际动手制作肥皂	通过自己制作肥皂,让学生们体验动手操作及动脑构思的快乐,这正是发明的起点

---

① 这里的介绍以 2011 年东京都 K 区立小学的实施范例为模板,实际上不同学校根据自身需求,实施的时间和内容不尽相同。目前,小组活动主题已积累到 10 多个,一些特定小学会定期举办。

续表

主题	内容	预期效果
创造未来的□□!	将上课的主题（如自行车、机动车、刷牙用具等）填入□□中，并打印在A3纸上，让学生思考这些物品未来会发展成什么样子。还可以想象加上什么功能会更加便利。学生与工作人员在一起分组讨论，讨论结束后将想法写在纸面上，按组发表结果	培养想象力，感受为发明努力思考的快乐，以及与同伴一起思考的快乐
宇宙与发明	给学生试吃宇宙食品。讲解在宇宙中生活会受到哪些制约、人们在改善宇宙生活条件方面取得了哪些进展，然后分组思考并讨论如果自己去宇宙想带什么东西，最后发表结果	了解发明物品的历史和前人为发明付出的努力，传递给学生现代社会科学进步很大的信息，让学生在此基础上提高自身的思考能力

综上可见，这个教学案例并不是使用绘本进行"填鸭式"的知识产权知识灌输，而是通过答题等形式将知识补充完整，同时通过小组活动的形式让孩子们切实地动手动脑，体验发明的快乐（图3-6）。另外，为了让孩子们容易理解和接受理科知识，还大量使用幻灯片和动画等素材制作展示资料。

图3-6　小组活动教学一线

授课结束后，工作人员应该尽量引导所有的孩子口头表达学习感受，并认真听取，指导孩子们填写调查问卷，以了解课程的接受程度、有趣程度等，作为下次实施的参考。

6. 实践成果

根据 2005 年做的 4000 人次的调查问卷统计，表示"特别有趣"和"有趣"的人占 90% 以上。在调查问卷的自由填写栏目里，很多孩子写了"我也想发明"、"我觉得会发明的和和很酷"（上卷）、"不能拿走别人的知识财产"、"和和的下一个发明是什么呢？我很期待"（下卷），这些回答让人感觉到设立本学科的最初目标逐步达成，即不只传授知识财产方面的知识，更重要的是让学生对发明感兴趣，对发明者抱有尊敬的态度这一目标。另外，对于绘本内容及授课方法，虽然只是采用一种模拟化的手段，但是这种手段可将知识产权比较难于理解的部分变得通俗易懂，对促进大众的理解特别有效。由此可见，知识产权早期启蒙教育不应该以"专利"这一概念切入，而应该首先向孩子们传递"发明"的概念及其价值，在此基础上再自然导入专利制度的机制和重要性。

7. 实践建议

可以说现在的日本，有能力给学生传递"发明"必要性的人才还为数不多。将"发明""科学与技术"等这些难于理解的概念与知识教给孩子们的辛苦，以及教给他们之后的喜悦，教师只有在实际从事了这份工作之后才能体会到。因此，希望有人实际体验从事这份工作，体验其中的辛劳与快乐，而后促进师资人才一点点增多，引领孩子们不与"科学技术"脱离，促进未来一代为社会不断提供新视角和新视野。

（执笔人：西村由希子）

参考文献

西村由希子他（2005）『はつめいでだいごろうをすくえ！~かずくんだいふんとうのまき~（かずくんはつめい・はっけんシリーズ-1）』リバネス出版

西村由希子他（2008）『かずくんvsわるおしゃちょう~とっきょビームをつかっちゃえ！のまき~（かずくんはつめい・はっけんシリーズ-2）』リバネス出版

3.2 通过宣传页制作和商标学习，培养学生创作者意识

（对象：小学五年级；科目：国语、家庭课、综合学习；时间：总计 7 小时）

1. 概要

教学活动包括两种：一种是制作宣传页的实践活动，让学生在输出信息的同时树立著作权意识；另一种是学生通过商标学习理解商标的作用[①]。学生通过这两种实践活动，培养尊重知识产权的意识。

2. 教学宗旨

本节所介绍的教学活动，旨在让儿童了解知识产权的思考方式，让其对包括著作权在内的知识产权以及知识产物持有尊重的态度。以前，儿童"珍视别人做出来的东西""珍视自己以及他人输出的信息"等心理培养体现在"信息社会伦理"科目中，但是，在实际动手制作活动中经常出现忽视著作权的现象。因此，教师通过宣传页制作活动可以再次明确著作权的存在，让学生们站在创作者或信息输出方的立场上考虑问题。进而，通过商标学习活动，引起儿童对身边商品标识的关注，促进他们从商品制造者的角度思考问题，加深对商标权作用及重要性的理解。

[①] 这里的商标教学实践活动，是改自野中阳一编著的《教育的信息化与著作权教育》（2010）中实践活动的产物。

3. 教学目标

兴趣、动力、态度	• 树立尊重身边知识财产的意识 • 在创造活动中考虑作品
思考、判断	• 围绕主题挖掘多种多样的创意
技能、表现	• 能够积极热情地进行创造性活动 • 根据需求可以合理引用，明白使用许可的必要性
知识、理解	• 了解知识产权的思考方式 • 了解著作权的思考方式与注意事项

4. 教材

学习研究社（2008）《我们与信息5年6年》。

5. 教学实践

（1）**宣传页制作**（制作介绍津山公司的宣传页）

涉及科目：国语、综合学习。本节只介绍与知识产权相关的学习内容和时间设置。

（2）**商标学习**

涉及科目：家庭课、综合学习。

学习活动	培养能力与评估	时间
□ 从互联网或指南手册上获取信息 • 写明出处 • 写明引用	◎ 有著作权意识，在查找过程中明确信息来源 • 查找过程中，是否在工作表上注明信息来源 • 是否在工作表中正确引用	1小时
□ 采访 • 被采访者的心情 • 拍照要征得同意	◎ 理解采访过程中被采访者的心情与肖像权问题 • 是否在取得对方同意后进行采访 • 是否在征得对方同意后拍照	1小时

续表

学习活动	培养能力与评估	时间
□ 制作宣传页 • 模仿朋友的创意时先获得朋友的许可 • 引用标记与自创部分的区别 • 写明信息来源	◎ 孩子们互相展示自己的标题、构图及报道的撰写方法等内容，可以参考朋友构思的优点制作宣传页 • 在模仿朋友的创意时，是否取得朋友的同意 ◎ 掌握引用方法后，撰写宣传内容 • 是否正确使用引用内容，引用部分应该使用""标出 • 撰写内容是否能够区分引用部分和原创部分 ◎ 注明信息来源 • 是否写明信息是从哪里来的	2 小时
□ 向各地分发时考虑著作权问题 • 获得许可的重要性 • 对著作权的尊重	◎ 建议考虑自己的信息或照片被随意使用的心情，明白使用前获得本人同意的重要性 • 是否能考虑著作权人、被采访人等的心情 • 是否形成下述意识：在使用作品时取得相关许可、合理使用作品的意识 • 是否能获取许可	1 小时
□ 制成后获得许可	◎ 在将宣传页分发给特定地方或区域使用之前，先将作品展示给采访对象并获得许可 • 是否已经理解获得许可的重要性	2 小时
□ 了解商标 • 理解商品制作方的考虑 • 理解商标的作用 • 保护商标权利的益处	◎ 引起对商标的关注及兴趣 • 是否能从身边的商品发现商标 ◎ 考虑商标遭到模仿时商品制作方的心情 • 能否想到被模仿公司的想法 ◎ 理解商标的作用 • 是否掌握商标的 3 个作用 ◎ 理解保护商标权利的益处 • 是否注意到商标对消费者的益处、对制造方的益处，意识到为保证品质所付出的努力与心血	1 小时

6. 经典课程介绍

(1) **宣传页制作**（图3-7）

在教学活动中通过以下四方面让学生"考虑对方的心情"：①肖像权；②模仿别人创意时的许可；③引用的标记方法；④使用他人著作权时的许可。

以前，将"获得许可""取得理解""掌握撰写方法"等知识强加给学生，导致学生在实际检索或制作中并不会使用这些知识。现在，通过这种教学活动，让学生设身处地地理解"站在对方立场上考虑问题"的重要性，并可以用到许多教学科目当中。

图3-7 倾听同伴创意，如果有想模仿的内容先取得同意

(2) **商标学习**（图3-8、表3-3）

和上述制作宣传页教学中"站在对方立场上考虑问题"的活动一样，商标的学习也参考了《我们与信息5年6年》中的"身边的知识产权"内容。在教学中，假定"将某生产商制造的商品冠以某知名生产商制造的商品的名称"这一场景，让学生分别站在买方和被模仿公司一方的角度考虑问题，可以让学生自然地理解商标的作用及益处。

另外，可以通过教学活动让学生明白，商标的存在既为消费者提供了便利，也让生产制造公司愿意付出努力。同时，让学生自然地了解到"企业（公司）为了让消费者放心、对商品信赖，将不断提高产品品质和服务质量,不断开发新产品","对于我们消费者来讲,我们可以获得新产品和服务,可以放心地购物"。通过商标学习,学生将一改以前不太关注商标的现象,意识到保护商标权利的重要性。在课程最后,可以向学生展示手机界面,告诉他们除了商标以外还有很多种形式的知识产权。

表3-3 授课流程

1. 寻找自己身边的商标
2. 从不同立场考虑问题
   - 商标被模仿的公司
   - 买方(消费者)
3. 理解商标的作用
4. 思考商标带来的便利性
5. 思考商标可以促进公司付出努力
6. 思考保护商标这一知识产权的益处
7. 了解知识产权的种类

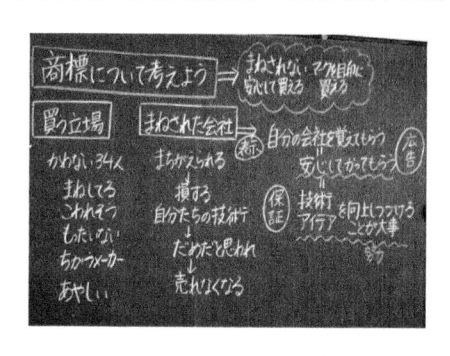

图3-8 同时考虑买方与被模仿公司方的立场

7. 实践成果

① 通过各种场景的设置让学生制作宣传页,在制作过程中引导学生注意著作权,并学会站在对方立场上思考问题,从而让学生切实学会注明信息出处、获得许可、正确使用引用标记等的方法。

② 从孩子的切实感受出发,这一教学活动不仅让孩子们认识到保护权利的重要性,还可以让他感受到"自己的作文、作品或创意被别人珍视,我愿意一直生产受人珍视的作品",促进儿童创作的欲望。

8. 实践建议

关于著作权的介绍,只需要与相关教学科目结合,用很少的教学活动时间就可以实现。比如,只需要在课上抛出"如果你的作品被别人模仿了,你怎么想?"等问题,留出时间让学生认真思考。另外,在实际生活中,我们身边有很多知识产权,很容易引起学生的兴趣。可以进一步让学生了解专利与技术及产业的发展密切相关，从而提高学生保护知识产权的意识。

（执笔人：影山知美）

参考文献

堀田龍也編（2006）『事例で学ぶNetモラル』三省堂

堀田龍也編（2008）「16章 身の回りの知的財産権」『私たちと情報5年6年』学習研究社，pp. 92–97

3.3 在影像制作活动中学习针对作品及著作权的处理方法

(对象：小学四年级；科目：综合学习；时间：总计22小时)

1. 概要

本教学实践中，学生通过制作影像的学习活动，学习著作权内容。学生在制作影像的过程中了解到所使用的音乐是有著作权的，理解尊重著作权人权利的必要性。同时，学生将会意识到自己也是著作权人。

2. 教学宗旨

根据《著作权法》第35条规定的例外情况可知，学校在教学活动中通常会忽略对著作权的处理，这就导致儿童在通常的学习活动中几乎意识不到著作权的存在。本教学案例则是通过制作区域广告、海报、毕业纪念作品等方式，培养学生形成著作权意识以及掌握正确应对著作权的方法，在实际行动中主动对著作权进行处理。因此，本教学活动的第一个目的是，在教学活动中告知学生使用的音乐具有著作权，使用时要尊重著作权人的权利，并需要作必要的处理后方可使用。第二个目的是，让学生了解有时著作权人为了让更多的人使用自己的作品，也经常提供不需要经过同意就可以使用的作品，即作为著作人格权的重要内容之一的公开发表权。第三个目的是，引导学生在正确处理相关权利的基础上创作自己的影像作品，从而掌握权利的正确处理方式，培养尊重著作权的态度。最后一个目的是，让学生体验自己作为著作权人创作影像作品的过程，促进学生将"著作权"当成自己的事情对待。

3. 教学目标

兴趣、动力、态度	• 能够积极热情地进行创造性活动 • 树立以知识产权知识为基础的尊重知识产权的意识
思考、判断	• 能够在创造活动中对著作权作出合理判断
技能、表现	• 在学会合理引用的同时，能够根据需要申请使用许可
知识、理解	• 了解著作权的思考方式及注意事项 • 能对自己和他人著作权以及作品使用的标准作出判断

4. 教具

（1）日本微软股份有限公司开发的 Windows Movie Maker。

（2）苹果日本公司开发的 iLife09、iMovie HD、GarageBand。

（3）Just Systems 有限公司开发的 Just smile 学习软件。

（4）歌曲《天空与白兔》（作曲：矢田久子；编曲：西胁久夫；作词：持田美晴）。

为了使用 Web 网页的照片，通过 Web 网页上留下的电子邮箱联系地址发信，获得使用许可。教师带领学生一起撰写信件内容，包括使用目的、使用期限、使用地点等内容。另外，为了让全班 32 名学生都可以使用上面所罗列的这首歌，由授课教师代替学生向日本音乐著作权协会（JASRAC）申请歌曲使用权，并向学生讲明申请的方法。

5. 教学实践

（标记※和◎的是与著作权相关的内容）

学习活动	内容、能力、评估	时间
全体 □ 调查各地方情况	• 调查地方特色、产业状况等内容 （评估）能够发现地方特色	1 小时

续表

学习活动	内容、能力、评估	时间
全体 □ 让更多的人了解地方的风土人情	• 思考如何将地方的风土人情让更多的人知道 （评估）能够考虑信息输出方法	1 小时
广告组 □ 设计绘画内容	• 传达区域优势，设计能将信息传递给对方的广告或海报	2 小时
海报组 □ 设计构图	（评估）能设计制作出让对方意识到所要传达的信息的广告或海报	
经典课程例1 □ 关于著作权	◎ 使用他人音乐需要的流程 ◎ 关于他人拍摄的照片等的著作权 （评估）理解在使用音乐或照片时，要对这些作品本身具有的权利做必要的应对处理	1 小时
广告组 □ 采访	• 搜集绘画内容需要的素材 ◎ 摄影时要提前获得许可 （评估）能够在搜集素材时就对未来的完成品提前进行思考	
海报组 □ 搜集素材	• 搜集海报需要的照片等素材 ◎ 对有著作权的作品，在搜集时注意考虑其著作权、肖像权等权利 ◎ 使用有著作权的作品时，注意提前取得著作权人的使用许可 （评估）能够做到搜集材料时考虑著作权问题	4 小时
全体 □ 编辑	• 配合画面制作，一起编辑素材 （评估）编辑所要传递的信息，能引人注意	4 小时
广告组音乐负责人 经典课程例2 □ 音乐制作	◎ 在制作音乐时，考虑到有些音乐不需要处理著作权 • 使用音乐软件制作背景音乐 ※ 分别由不同的人负责，与上面的编辑工作同时进行 （评估）理解著作权的意思，明白不仅要珍惜自己的作品，也要珍视他人的作品	3 小时
全体 □ 中间成果汇报	• 互相评价完成的作品 （评估）能够审阅评价每个人各不相同的作品	1 小时

续表

学习活动	内容、能力、评估	时间
各组 □ 重新编辑	• 互评后，重新审核作品，再次编辑	2 小时
全体 □ 回顾过去的一年	• 回顾过去一年举办的活动	1 小时
全体 □ 制作纪念回忆 DVD	• 将一年之中的美好回忆做成视频 ◎ 将上述学习活动中成果汇报时使用的音乐作为背景音乐 （评估）活用在上面的学习过程中学习到的著作权知识，制订创作计划	1 小时
□ 编辑	• 活用上面在制作广告时的技巧，编辑作品 ※将全体学生分成几个小组，每个小组制作一段视频，最后配合音乐的长度，将每个小组的作品合成一整段视频	2 小时
经典课程例 3 □ 音乐的使用	◎让学生了解，如果使用在 JASRAC 注册的音乐，需要向 JASRAC 缴纳著作权使用费用 （评估）要学生明白，乐曲具有著作权，不能超越著作权法的规定或者著作权人许可使用的范围随意使用 （评估）让学生了解，对具有著作权的乐曲，使用时要履行获取著作权人使用许可的程序，并要学生掌握获取方法	1 小时
□ 学习总结	• 师生共同欣赏制作完成的视频，回顾一年的活动	1 小时

6. 经典课程介绍

例 1：音乐和照片是谁的？

在这个学习案例中，对"著作权"基础知识进行介绍，让学生使用有著作权的影像、图片或音乐等创作自己的作品。

在这个学习活动中，教师要让学生了解，平时所听到的偶像的歌曲、Web 网页上刊登的照片或文章、书籍里刊登的照片或文字等，都是具有原

第 3 章 小学的实践案例

创性的作品，都具有著作权；指导学生在创制自己作品时，如果想使用他人的作品，必须事先向著作权人获取使用许可。

通过上述教学实践，让学生思考自身生活与著作权的关系；让学生明白，动漫角色、电子游戏、影像、电视节目等都具有著作权，我们的生活中存在大量著作权，必须从法律角度保护这些著作权。

这里举一个实例。在一次学习活动中，学生想用一张照片，但自己不能去实地拍摄，就想使用 Web 网页上标题为《北国大地漫步小路》的照片取而代之。因此，教师告知学生要通过电子邮件的形式向 Web 网页管理人发送请求。同时，教师指导学生一起思考并草拟请求信的内容，包括告知管理人这个学习活动的内容、使用目的、使用地点等，以获得使用许可。Web 网页管理人在了解了本活动是在小学教育中教育学生学会处理著作权，对教师的指导工作给予了充分的理解，很快就承诺可以使用。学生获得使用许可后，向 Web 网页管理人表示感谢，创作活动在愉快的氛围中得以实施。

此后，教师又指导学生制作海报，并指导学生在使用他人照片之前向著作权人获得使用许可，在海报的照片处注明著作权人的姓名（图3-9）①。

发信内容样本：

初次联络，请多关照。

我们是岩见泽市第二小学四年级（4）班的 6 名学生。

现在，学校的综合学习课要求我们制作宣传岩见泽市的海报。

我们的班级想制作宣传月季园的海报，但是由于现在天气寒冷，我们无法自己拍摄到月季的照片。因此，我们想使用您在网页上登载的一张月季照片，请问您是否同意？

图 3-9 制成的海报

---

① 这张海报上使用的月季花照片是获取使用许可后使用的，2012 年 7 月 31 日经过向著作权人佐伯节夫先生申请得到使用许可。

我们制作的海报将张贴于其他小学。

请您多关照。

例2：自己的作品有著作权吗？

在前期基础知识学习的基础上，学生已经知道在创作自己的作品时禁止随意使用他人的作品，因此在这个教学案例中，教师将指导学生在制作广告时，如何使用他人音乐创作背景音乐。

首先，关于著作权，引导学生思考"是谁的物品""什么物品具有著作权"等问题。然后，让学生知道自己在学校创作的作文、绘画、手工作品等物品也具有著作权，他人不得随意模仿或随意将其替换到他们的作品中。

其次，引导学生思考可以在自己作品中使用的音乐是什么样的。学生通过思考后，会决定在自己的作品中使用已经获得著作人使用许可的作品，或者使用自己创作的内容。然后，学生正确使用 iLife09 的 GarageBand 作为背景音乐。同时，他们也意识到使用自己创作的乐曲可以不对著作权进行处理，但是，在自己制作的广告中使用的自创乐曲也具有著作权。

结合这一学习内容，学生也了解到在图画、手工、书法作品、国语课上写的作文等作品都具有著作权，学生明白自己作品的著作权应该被守护后，对他人的著作权也会产生珍视之心。

例3：如何处理著作权？

进入第三学期，将举办制作视频（幻灯片秀）的学习活动，总结一年的学习生活。为了纪念大家齐心合力获得的成果，有人提议将用于视频的背景音乐也用作汇报会的合唱曲目。学生们在学习成果汇报会上合唱了《天空与白兔》（作曲：矢田久子；编曲：西胁久夫；作词：持田美晴）。

《天空与白兔》是一首为小学六年级毕业生创作的诗，再加上配曲作成歌曲，已在 JASRAC 注册。因此，若想使用该歌曲，必须做著作权相关处理。在汇报会举办之前，整个学年的学生就是使用许可获得后的这首歌曲还是自创背景音乐这一主题展开讨论，做出最终决定。

在决定使用这首歌曲后，教师引导学生对著作权进行必要的处理，先登录 JASRAC 官网确认相关信息，并通过电话进行咨询。通过咨询了解到，使用注册歌曲需要缴纳使用费。由于学生们只使用 1 首注册歌曲，刻制 32

张 DVD，量很小且用于非商业目的，所以可以享受使用费减免政策，缴纳 210 日元即可。学生们了解情况后，选出负责人代表大家通过传真等进行联络和付费工作，对著作权进行必要的应对处理(图 3 – 10)。

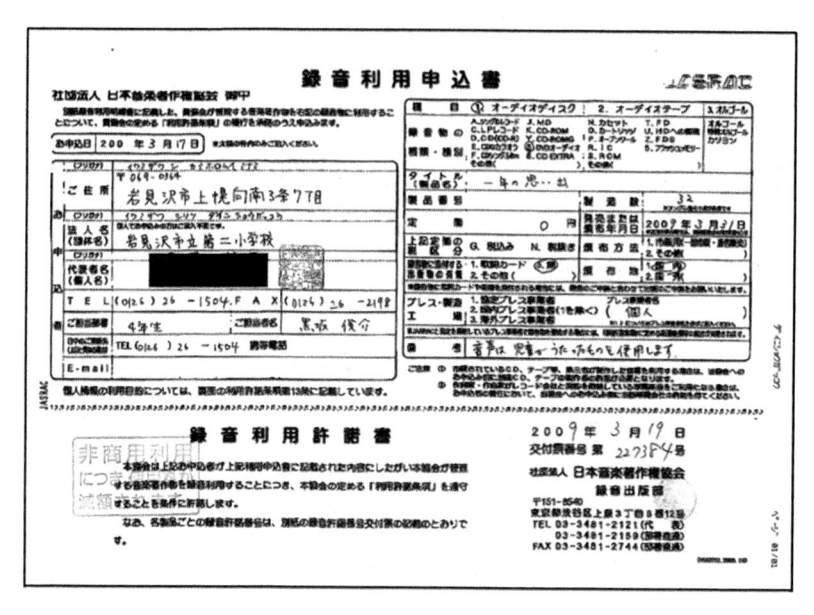

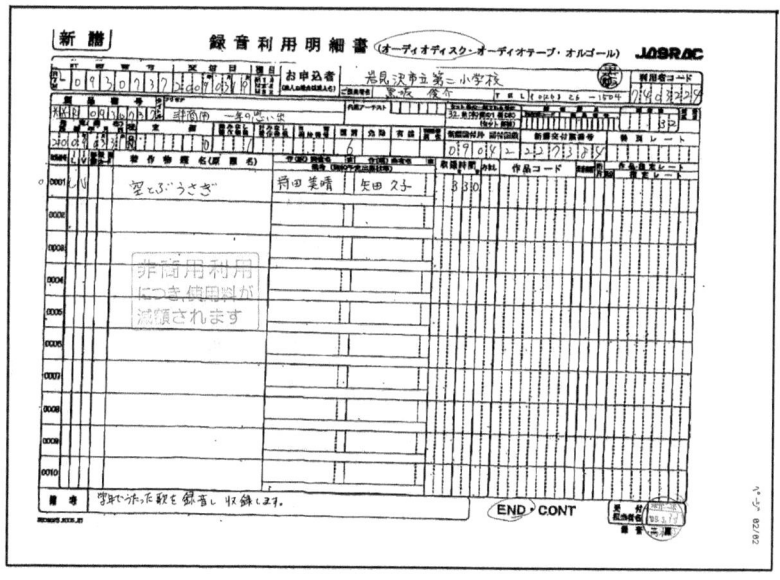

图 3 – 10 处理背景音乐著作权的文件

注：实际申请时请注意登录 JASRAC 官网，确认并使用最新格式的文件进行申请。

7. 实践成果

通过贯穿一学年的学习活动，在孩子们中形成了尊重著作权的氛围，还出现一些下面这样的具体事例："在制作图画和手工作品时，不只使用流行的动漫造型，也使用自己构思的原创物""在国语课写读后感作文时，引用的部分用标记注明，主要以自己的见解为主写作""通过与朋友一起借用他人音乐的过程，改正违法下载复制数据的错误"等。还有监护人反映，有些儿童在家里会对监护人的违法复制、违法下载复制数据行为提出警示。

以前，在没有推行上述教育实践之前，学校只是教育学生"平时不经意的举动可能造成对他人著作权的侵犯"，这种一次性灌输知识的教育模式，让孩子在上课听讲的那一瞬间就可能认识到要纠正存在的问题和错误行为，但是随着时间的推移逐渐淡忘。本节所介绍的教学案例，是有计划地、持续地、体验式地推进，不是一次性地提醒学生对著作权进行思考，能够有效地促进学生将习得的知识运用在生活中。

8. 实践建议

儿童身边存在各种各样的作品，每个作品都具有自己的著作权，并且自己创作的作品也有著作权。建议教学方设定场景，引导学生一起思考这些问题。

希望教学方通过让学生知道自己创作的作品有被法律承认的著作权这一事实，培养儿童建立尊重他人著作权的态度。更重要的是，通过教学活动提高儿童自己创作作品的欲望，挖掘儿童的创造性。

（执笔人：黑坂俊介、长谷川元洋）

第 4 章
初中的实践案例

4.1 训练学生从身边日常挖掘创意构思，并学会表述

（对象：初中一年级至三年级；科目：技术课、家庭课等与技术相关的科目；时间：入学指导）

1. 概要

在我们的日常生活中存在很多先辈和前人留下的构思和创意，对这些构思和创意进行发现和挖掘，正是使用技术语言的开端。该课程旨在让学生了解这一点，在此基础上启发学生主动对构思创意进行发现和发掘，学会使用《创意挖掘记录表》（图 4-1，B6 开），以培养科学表述的能力。

```
┌─────────────────────────────────────────────────┐
│ 创意挖掘记录表                          尊重     │
├─────────────────────────────────────────────────┤
│ ①形象的创意名  │                                │
├────────────────┼────────────────────────────────┤
│ ②创意人的学校、│                                │
│ 年级、班级、学号│ 中学      年级  班   号        │
├────────────────┼────────────────────────────────┤
│ ③创意人姓名（英│                                │
│ 文首字母大写） │            （        ）        │
├────────────────┴────────────────────────────────┤
│ ④创意说明（请务必用图示和文字浅显易懂地介绍）   │
│                                                 │
│                                                 │
│                                                 │
│                                                 │
├─────────────────────────────────────────────────┤
│ ⑤参考来源（写明厂家品牌名、身边的△△、○○学长的作│
│ 品等，并写明参考了其中的什么地方）              │
│ ......................................         │
│ ......................................         │
├─────────────────────────────────────────────────┤
│ ⑥创意日期：  年   月   日（    ）  时间：时  分│
└─────────────────────────────────────────────────┘
```

图 4-1　创意挖掘记录表

2. 教学宗旨

培养动手制作的能力及表达构思创意的能力，这两种能力属于不同的能力范畴，应该分别进行指导。以前，我们一直在促进动手制作能力的培养，但是对构思创意表述能力方面的指导比较欠缺，该教学实践谋求正式矫正这一情况，对构思创意表述能力进行单独指导，培养学生具备均衡的技术能力，适应技术科目的学习。

在表述能力的培养方面引入专利说明书撰写要素的教学：① 创意名；② 图示和文字说明；③ 参考资料。在"② 图示和文字说明"这一项中，指导学生能够从"目的—构成—效果"[1] 这一思路进行表述。通过上述训练，学生基本可以做到有逻辑地表述自己的构思和创意。

---

① 来源：远山勉《知识财产的文化、创造与教育》。

3. 知识产权相关部分的教学目标

兴趣、动力、态度	• 积极主动地进行创造性活动 • 在创造性活动中注意有关知识产权知识
思考、判断	• 收集、分析信息，能够挖掘多种多样的创意
技能、表现	• 在日程生活中发掘构思创意 • 能够将发掘的构思创意有逻辑地表达出来
知识、理解	• 理解发掘构思创意的必要性和内涵 • 理解产业发展及产业财产权的关系

4. 教具

带切割刀的胶带、身边的物品、《创意挖掘记录表》。

5. 教学实践

学习活动	培养能力及评估	时间
□ 启发挖掘创意的意识和思维	• 掌握挖掘构思创意的思考方式 • 掌握"目的—构成—效果"的思维路线	1 小时
□ 参考创意共享网站①或身边的事物，填写创意挖掘记录表	• 能够按照"目的—构成—效果"的思路，将构思创意用文字的形式表达出来 • 能够用图示表达构思创意	1 小时 （视情况）
□ 陈述自己的构思创意，倾听别人的陈述	• 能够将自己的创意清楚地传达给别人（1 分钟 × 4 人） • 能够指出其他人《创意挖掘记录表》中可以进一步完善的地方	5 分钟 × 30 人

---

① 创意共享网站 http://idea.namikikai.com/modules/nmblog/。

6. 经典案例介绍

将此项教学活动设置在初中一年级学生的入学指导阶段，具体操作方式如下：

首先，在课堂上向学生们提问："我们现在生活的世界，有飞机在天上飞，有汽车在地上跑，我们习以为常地认为世界就是这个样子。但是，请大家思考一下，我们的世界是怎么变得如此方便快捷的？"学生们听到提问后会作出不同的反应和回答，此时教师应引导学生明白："这是由于从古至今有很多人不断开发制造各种新事物，并且给我们留下了许多图形和文字记录。"然后，教师需要进一步解释和强调："最初发明或发现了这些新事物的人不一定把具体器物制造出来，但只要他们留下了图示或文字说明，就会有人根据这些内容前赴后继地进行研究和制造。正是这些让人容易理解的内容被流传给后代，才促进一代又一代人在前人研究的基础上不断进行科技开发与尝试，进而成就了如今这样便利的生活。"教师通过上述引导，让学生明白用图示和文字表达构思的重要性。

然后，教师准备一卷带切割刀的胶带（下文记作①，如图4-2所示）和一卷普通胶带（下文记作②），并指定两名学生上台做一个竞赛游戏。游戏方式是：第一步，两名学生通过石头剪刀布决出胜负，胜方给①，负方给②，再分别给两名学生一张纸。第二步，老师讲明"下面开始做一个比赛，两个人分别将纸

图4-2 带切割刀的胶带

贴到黑板上，快的那个人获胜"，然后喊口令主持学生比赛。学生在做游戏的氛围下比出结果，不出意外用①的学生获胜，用②的同学落后。由此，通过胶带是否自带切割器的比较，启发和鼓励学生发掘构思和创意。

最后，在与同学们的交流中自然引入"目的—构成—效果"（表4-1）这一思路，让学生按照这种思路草拟说明（表4-2）。学生在草拟说明过

程中，很容易将"目的"和"效果"混同，教师应指明"效果"是指实现"目的"后得到的结果。

表 4-1　关于"创意名—目的—构成—效果"

创意名	给构思或创意拟一个明确且易懂的名称
目的	这个构思或创意要实现的事情
构成	为了实现这一目的的构造与方法
效果	目的达成后获得的效果

表 4-2　关于胶带切割器说明的示例

项目	说　明
创意名	可以单手快捷操作、任意调节长度的胶带切割器
目的	能够迅速找到胶带头，并轻松切割透明胶带
构成	切胶带的刀刃、旋转体、支撑旋转体的支撑座（包括支撑座的形状和重量）
效果	支撑座的重量保证切割器稳固不滑动，从而可以单手轻松地切断胶带，缩短操作时间

从第二次课开始，教师组织学生草拟《创意挖掘记录表》，并分成小组进行成果发表，互提建议和意见。然后，教师向全班同学讲解每个小组的优点，包括表述方法是否通俗易懂、表达方式是否有趣等。教师应当具体指出表述的优点和精彩之处，这样可以促进学生互相学习。最后，将所有学生的记录表张贴到技术教室的公告栏（图 4-3）上，让同学们相互看到优缺点，制造良好的学习氛围。

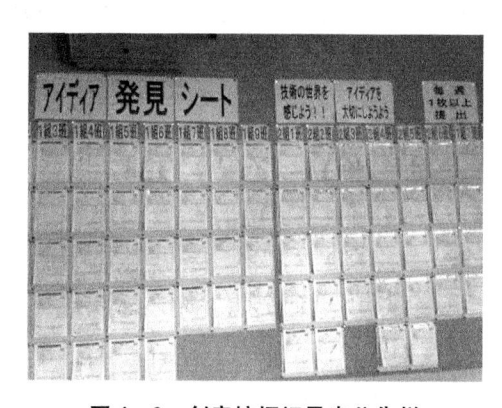

图 4-3　创意挖掘记录表公告栏

7. 实践成果

通过上述入学指导中的学习内容,有的同学用图示和文字对"便携塑料瓶"进行了详细的说明(图4-4)。这表明,学生已经能够从身边的事物发现挖掘构思和创意,而且经过学习从教学刚开始时只能用只言片语表达一个事物,过渡到可以从"目的—构成—效果"的思路阐述创意,表达具有逻辑性。

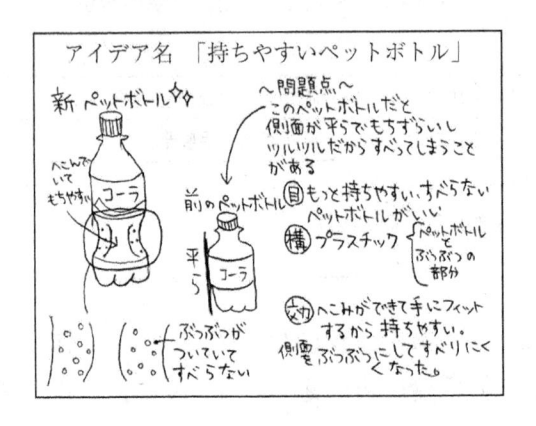

图4-4 关于创意名、目的、构成、效果的说明

另外,通过填写《创意挖掘记录表》,增强了学生用图示和文字表达事物的自信,促使他们开始留意身边的创意;培养了学生自主开动脑筋创作作品的意识,也提高了学生善于从身边的日常事物切入挖掘创意的意识。

8. 实践建议

首先,引导学生从发现挖掘构思和创意的思维方式出发,填写《创意挖掘记录表》。在指导学生填写表格的过程中发现学生的疑惑之处。教师可以指出学生填写的《创意挖掘记录表》中好的表达并将其作为示范,为学生释疑解惑,促进学生之间互相参考,让学生通过这一教学活动切实感受到表达能力的提高(表4-3)。

表4-3 《创意挖掘记录表》的指导要点

文字篇	图示篇
① 写明参考来源 包括参考的商品、朋友或老师的制作方法、创意 ② 列出问题点 与其他物品比较,列出存在的问题 ③ 列出改进点 列出解决上述问题的改进之处 ④ 思考目的 思考创意的目的 <例>"为了___""为了做___""想做___" ⑤ 思考构成和方法 列出为了实现上述目的所必需的要素或方法 <例>形状、材质、动态、构造等 ⑥ 思考效果 写明利用这一创意可以达到什么目的,进而获得什么效果 <例>"使___能够___""使___容易理解""使___容易操作" ⑦ 查阅专业知识,补充在记录表中 在互联网上查阅自己不知道的技术、理论、材质或性能等知识,补充填写在记录表中	① 先用二次元形式绘制图示 最好能够画出正面图、平面图、侧面图 ② 绘制动态图 用分镜头推移的形式表示动态,并给每个分镜头注解 <例>"关闭状态""开合状态" ③ 镜头推近 为了能够实现创意,放大重要的部分进行绘制 ④ 涂色标示 通过色彩区分材质的不同,表示材料的特征 ⑤ 用箭头或记号标示出要点,并写明图解 利用箭头或记号,使阐述的重点容易理解 ⑥ 绘制分解图 将整体构造分解描绘,注明各部分的作用 ⑦ 绘制比较图 绘制与其他物品的对比图,标出并注解自己发现的问题点,然后标出并注解自己的改良之处,使自己的创意易于理解

(执笔人:山口治)

4.2 注明参考资料，加强有连续性的技术教室文化建设

（对象：中学一年级至二年级；科目：技术领域的技术家庭课、A 材料与技术课；时间：总计 30 小时）

1. 概要

将学生创作的作品保留在技术教室里一直到下一年度，让下一学年的学生看到学长们的作品，探究并参考其中的创意，再决定自己制作什么。务必让学生在工作表中注明参考资料，让学生有意识地思考在参考了什么创意的基础上创造出自己的物品。

2. 教学宗旨

这个教学实践要求学生在注明参考资料的前提下开始自己的创作。一般在教学活动刚开始的时候，有很多学生会提出"什么也不参考，自己开动脑筋"。但是，老师应该要求新学年学生将上一年度学长们的作品实际拿到手里观察，再做出自己的设计。同时请他们将作业带回家去琢磨，并必须注明创意的参考资料。这样，经过几年教学实践的持续和积累，几乎不会再有学生坚持不参考别人的作品而自己制作了。

在课堂上，学生应认真研究学长的作品，从中挖掘创意，在此基础上进行继承、改良并共享。技术不断发展的历史就是好几代人前赴后继不断制造改进的历史，上述一系列体验式教学活动正是基于这个理念进行的。

比如"制作书架"活动，目的不只是让学生掌握制作书架的知识和技

巧，更希望他们能够传承发扬通过技术教室形成的技术教室文化，将技术作为知识财产对待。

3. 知识产权相关部分的教学目标

兴趣、动力、态度	• 培养在掌握有关知识产权知识的基础上尊重知识产权的意识
思考、判断	• 收集分析信息，发现优秀的构思和创意
技能、表现	• 合理引用，准确表达构思和创意
知识、理解	• 明白知识产权思考方式的必要性和重要性

4. 教具

用杉木板材制作作品。每人3片杉木板材，其中一片规格为610mm×170mm×12mm，另外两片规格为200mm×170mm×12mm。

5. 教学实践

学习活动（解说）	培养能力、评估	时间
□ 从学长们的作品中挖掘创意 （展示约200件作品）	• 能够从学长们的作品中发现创意 • 解释采用这种形状的原因 • 可以用立体图示将创意恰当地表达出来	2小时
□ 作品设计 （测量所参考的学长的作品尺寸，再进行自己的设计）	• 了解学长是如何裁切材料的 • 可以将创意绘制成设计图 • 能够在学长的创意上进行改良	3小时
□ 获取材料 □ 切断 □ 练习刨子的使用 □ 刨制 □ 组装 □ 完成	利用各种工具或手工器械，对材料进行加工组装，学生在这个过程中掌握下述技能： • 学会根据纤维方向判断木材韧度、质地等的不同 • 可以正确使用工具或手工器械进行加工 • 能够在失败时，思考如何补救修复	23小时
□ 总结作品的宣传亮点 （传达给新生）	• 能够理解其他同学作品的亮点 • 能用图示和文字宣传自己作品的要点，给新生作为参考资料使用	2小时

注：阴影部分是与知识产权非直接相关的部分。

6. 经典课程介绍

在入学阶段，组织一年级新生到技术教室观摩高年级学生留下的创意作品，约 200 名学生的作品排列得整整齐齐。如图 4-5 所示，新生将学长们的作品拿在手中，认真琢磨其中蕴含的创意。学长们的作品中包含了许多各不相同的思路，教师要引导学生看懂历年学长们的创意点，如隔板倾斜、用桁架结构组装背板等，让学生在这些已有的创意基础上创造出自己的作品。每年的新生都参考往届学生的作品，加入自己的构思，制作出新书架，如此逐年累积，创意也得到不断的改良和发展。

图 4-5　观摩学长们的作品

第一节课，可以将学生分为若干小组，以小组为单位探讨学长们在自己的作品中为了使书架牢固采用了什么创意，比如精巧的把手。学生由此理解并实际感受到，在制作书架时，比起根据自己头脑中的参考物或想法冥思苦想，不如参考学长们真实具体的作品更容易打开思路。

第二节课，使用图 4-6 所示的《创意挖掘记录表》。先用图示和文字将学长的创意阐述出来，这种做法可增强学生仔细观察他人作品的能力，并能够将优点活用到自己的创作中。

要求每名学生填写 3 张左右的《创意挖掘记录表》，表达学长们作品中的创意。如图 4-6 所示，第⑤项是记录参考作品的栏目，要求学生在这里填写学长的姓名（每件作品的背面都留有创作者的姓名）。

第 4 章　初中的实践案例

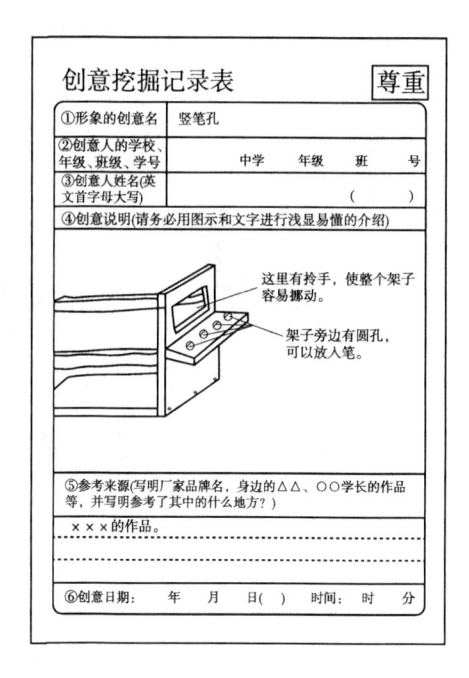

```
┌─────────────────────────────────┐
│ 创意挖掘记录表          尊重    │
├─────────────────────────────────┤
│ ①形象的创意名    竖笔孔         │
│ ②创意人的学校、                  │
│  年级、班级、学号  中学 年级 班 号│
│ ③创意人姓名（英                  │
│  文首字母大写）    （    ）     │
│ ④创意说明（请务必用图示和文字进行浅显易懂的介绍）│
│                                 │
│        [示意图]  这里有拎手，使整个│
│                   架子容易挪动。 │
│                   架子旁边有圆孔，│
│                   可以放入笔。   │
│                                 │
│ ⑤参考来源（写明厂家品牌名，身边的△△、○○学长的作品│
│  等，并写明参考了其中的什么地方？）│
│  ×××的作品。                   │
│ ────────────────                │
│ ⑥创意日期：  年  月  日（ ） 时间：  时  分 │
└─────────────────────────────────┘
```

图 4-6　《创意挖掘记录表》

在第三~五节的设计课上，学生一边比对学长们的作品，一边思考如何裁切杉木板材。学生通过观察，一般会发现沿着板材的纤维方向裁切这一办法，或发现更有效率的裁切方法。

通过上述 5 节课的策划与实施，学生会在课堂上分享"参考的作品是谁的""作品的优点是什么"等问题。当新生向二年级学长说"今年，□□的作品创意在新生这里特别有人气"的时候，学长也会满怀开心和自信，受到激励。

7. 实践成果

图 4-7 展示的是某个创意连续多年进行改良后的成果关联图，起始点是 2006 年某位学生将书架的背板做成 X 形，此后 2008—2010 年的每届新生都以这个创意为基础进行了很多改良。

综上可知，一个创意有时并非是某一个人个体的灵感或独自思考的结果，而是在不断参考他人作品的基础上逐步形成的，这些积累的创意点都

— 59 —

明确地记录在《创意挖掘记录表》中,学生可以随时读取参考。

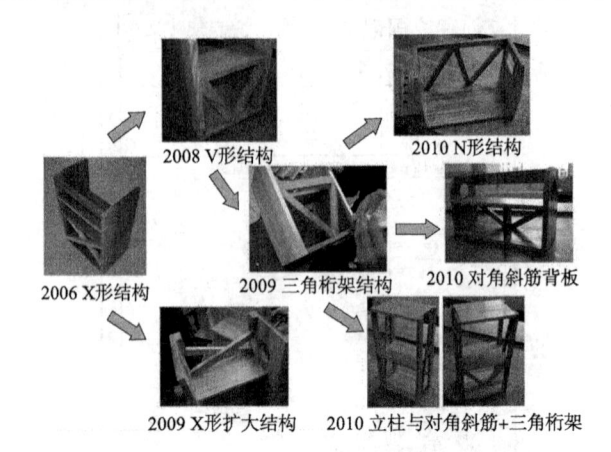

图 4 -7 连年持续积累的创意关联

在实施这个课程案例的过程中,很多学生通过参考其他作品的形状、对学长创意的改良等,不仅学习到制作方法、精度是否准确等技术知识,而且收获自己研究学习的足迹留在技术课和技术教室里的自豪感。

8. 实践建议

所谓技术教室文化建设就是积累学生学习成果的教学实践活动,显而易见,如果只开展一年,实施者可能是体会不到其中益处的。但如果能坚持两年或三年,实施者就会发现不仅可以收获每届新生的创意和作品,而且能切实感受到课程水平和学生相关能力的提高。

(执笔人:川俣纯)

参考文献

川俣純(2008)「時間と空間を超えてアイディアを共有・継承する学習環境づくり」『教育』第 58 卷第 10 号, pp. 105 - 114

idea 共有サイト,アイディア共有 BLOG,学びの収穫「X,V,筋交い編」http://i-dea.namikikai.com/modules/nmblog/response.php?aid=193 (2012/12/19 最終確認)

4.3 从创作者角度思考著作权（知识产权）

（对象：初中三年级；科目：技术领域的技术家庭课、D 信息与计算机课；时间：8 小时）

1. 概要

用简易计算机辅助设计（Computer Aided Design，CAD）软件——"立体咕噜咕噜"软件设计原创立体图，制图完成后将著作权人姓名、参考资料、构思等与著作权相关的信息录入 CAD 电子文件。通过这种做法，学生会意识到自己也是著作权人，著作权是促进人类文化发展进化的重要社会规则。

2. 教学宗旨

在学校，除了技术科目设置的课程以外，校方还会组织丰富多彩的活动让学生创作作品，基本每年都设置相同的创作主题。如第 4.2 节"注明参考资料，加强有连续性的技术教室文化建设"中提及的，有些学校开展让新生注明参考资料来源、将创意在每届学生中间传承的教学实践活动。

"立体咕噜咕噜"软件中配置了可以输入著作权相关信息的功能，实现了在创作电子作品时，可以在电子文件中嵌入作品信息和与著作权相关的信息，也便于在授课过程中使用。

通过录入著作权相关信息，学生意识到自己也成为著作权人，可以促进学生能够站在著作权人的立场思考为什么著作权很重要、为什么必须制定著作权这一社会规则等问题，这也正是本教学实践活动要达到的主要目的。

3. 与知识产权有关部分的教学目标

兴趣、动力、态度	• 培养以知识产权知识为基础的尊重知识产权的意识 • 在创造性活动中注意相关的知识产权知识
思考、判断	• 学会收集、分析信息，磨练良好的表达方式
技能、表现	• 能够在创造活动中考虑知识产权 • 学会根据内容恰当地引用
知识、理解	• 了解技术与文化的发展与知识产权（著作人）的关系

4. 教具

简易 CAD——"立体咕噜咕噜" Version3.4 软件。

"立体咕噜咕噜"软件是为了培养学生的空间思维能力而开发的一款简易计算机辅助设计教育软件，在一个虚拟空间内，通过 X、$-X$、Y、$-Y$、Z、$-Z$ 几个轴旋转图形，可以随意切换到立体图形的任意一面并画线。如图 4-8 所示，在"立体咕噜咕噜"软件的界面右下角一直显示著作权相关信息。

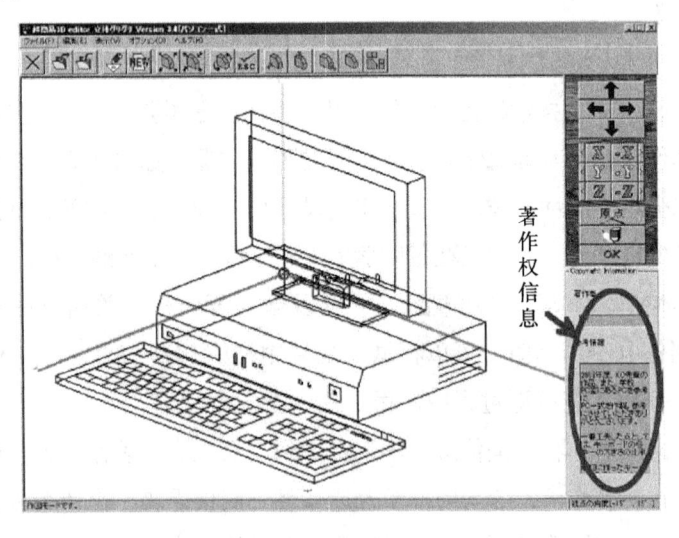

图 4-8 "立体咕噜咕噜"软件界面

构成立体图形的线条数据可以用 text 文件的形式保存，线条绘制完毕后，使用者即可录入著作权信息（图 4-9），并将其与图形数据一起保存。著作权信息文本框没有配置特别具体的录入项目，使用者可以根据需要自主设定录入项。

图 4-9　著作权信息界面

5. 教学实践

学习活动	培养能力与评估	时间
□ 空间思维 （掌握立体空间思考能力）	• 能够在简易 CAD 软件中绘制简单的立体图形 • 能够在简易 CAD 软件里绘制等角投影图 • 能够在简易 CAD 软件里用第三角画法绘制正投影图	3 小时
□ 原创立体图形 （用简易计算机辅助设计软件绘制身边的日常物品）	• 能够参考学长绘制的立体图形，再构建出原创立体图形 • 能够挖掘空间思维，制作出原创的立体图形	4 小时
□ 从创作者角度思考著作权	• 能够在绘制原创立体图形时，标明参考了什么创意、加入了什么创意 • 能够从著作权人角度思考著作权问题	1 小时

6. 经典课程介绍

"从创作者角度思考著作权（知识产权）"这一系列课程的学时总计8小时。其中，用4节课时间绘制原创立体图形，在文件夹中录入并保存著作权的相关信息，如图4-10所示，包括自己的姓名、参考作品、自己钻研的地方、感想、给新生的留言等内容。通过这一课程的学习，学生能够真切地体验到自己成为著作权人的过程。

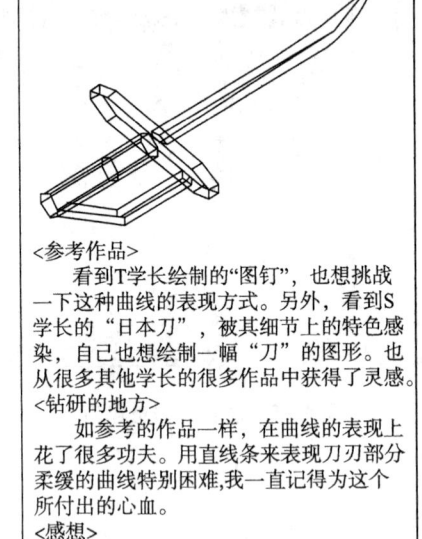

<参考作品>
看到T学长绘制的"图钉"，也想挑战一下这种曲线的表现方式。另外，看到S学长的"日本刀"，被其细节上的特色感染，自己也想绘制一幅"刀"的图形。也从很多其他学长的很多作品中获得了灵感。
<钻研的地方>
如参考的作品一样，在曲线的表现上花了很多功夫。用直线条来表现刀刃部分柔缓的曲线特别困难，我一直记得为这个所付出的心血。
<感想>
在平面上表达立体图形，是数学等课程中非常常见的作业，但是几乎没有用三维的思维方式思考过，这个绘制作业难度非常大。

图4-10　2011年度N同学的"西洋剑"

在第4.2节"注明参考资料，加强有连续性的技术教室文化建设"课程中介绍过，学校让学生从一年级开始学习标注参考资料，继承并改良学长们的创意，逐年累积。本节的经典课程是在此基础上，学生思考向前辈、学长表达敬意的方法，能够站在创作者立场思考著作权问题，如图4-11所示。

> 向前辈和学长表达敬意的方式
>
> **步骤1** 作为创作者
> - 有意识地参考的作品(只有参考才能创造)。
> - 感谢(向参考作品的创作者表示感谢)。
>
> **步骤2** 作为社会一份子
> - 标明引用(区分他人与自己的作品)。
> - 获得许可(使用时要与作者确认可否利用,获得许可)。
> - 支付费用(使用他人作品时,需要支付作品使用费)。
>
> **步骤3** 为了实现更好的技术与社会
> - 广泛共享前人优秀作品中的创意等。
> - 参考前人的优秀作品,并思考如何改进与应用。
> - 创造出超越古人优秀作品的作品。
>
> 对你所参考的作品或资料的创作人,能表达出怎样的敬意?

图 4-11　向前辈和学长表达敬意的方式

在步骤 1 中,重点是让学生感受到自己也是创作者,能够从创作者角度理解并意识到,自己参考了他人作品,从而向参考来源的创作者表示感谢。

在步骤 2 中,让学生从社会一分子的立场理解著作权规则的必要性。

在步骤 3 中,应将如下信息传递给学生:著作权制度不只是为了保障权利而设立的规则,而是通过广泛共享、不断改进和运用,来促进人类文化发展而逐步形成的社会规则。

7. 实践成果

著作权的存在确保了著作权人的收入,使得作品的创造可以成为一种职业。在一定时间范围内赋予著作权人著作权,可以促进文化的蓬勃发展。这一社会事实,只通过灌输著作权知识,是无法让学生获得真情实感的。

在课程实施过程中,学生通过在自己学校的技术教室文化中绘制原创立体图形等活动,了解到必须守护著作权,这是迄今为止促进人类文化发展进步的重要社会规则。另外,学生通过学习还了解到,著作权过了一定期限后,他人就可以自由使用作品,若想创造出大家争相模仿的作品,前提是需要不模仿他人，坚持原创。这个课程，以促进学生建立对著作权自觉意识为基础，在此基础上推进著作权相关课程。

如图 4－12 所示，从学生发表的课后感想可以看出，很多学生认为通过这个课程的学习，感受到自己也可以成为参与技术与社会发展中的一员。

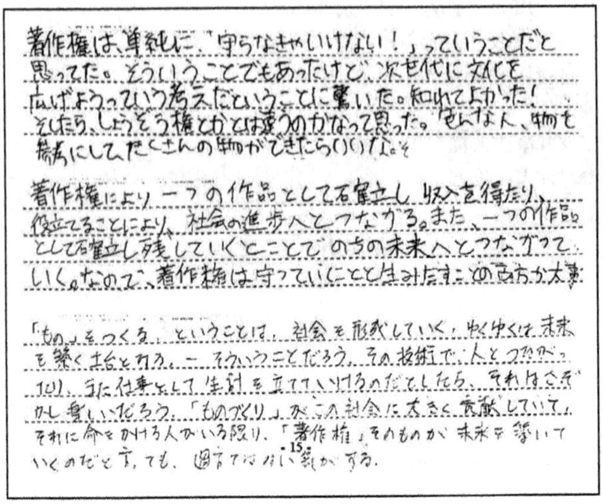
著作権は、単純に、「守らなきゃいけない！」っていうことだと
思ってた。そういうことでもあったけど、次世代に文化を
広げようっていう考えだということに驚いた。知れてよかった！
そしたら、しょうぞう権とかとは違うのかなって思った。色んな人、物を
参考にしてたくさんの物ができたらいいな。

著作権により一つの作品として確立し収入を得たり、
役立てることにより、社会の進歩へとつながる。また、一つの作品
として確立し残していくということでのちの未来へとつながって
いく。なので、著作権は守っていくことと生みだすことの両方が大事

「もの」をつくる、ということは、社会を形成していく、ゆくゆくは未来
を築く土台となる。――そういうことだろう。その技術で、人とつながっ
たり、また仕事として生計を立てていけるのだとしたら、それはさぞ
かし楽しいだろう。「ものづくり」がこの社会に大きく貢献していて、
それに命をかける人がいる限り、「著作権」そのものが未来を築いて
いくのだと言っても、過言ではない気がする。

图 4－12　三名学生的感想

8. 实践建议

为了让学生切身体验知识财产内容，应该促进学生建立主动创造知识财产的自觉性。这个课程系体系的设置是每个单元导入一个主题，最后总结。对于实现教学目标非常重要的一点建议是，创造可以连年持续的教学环境和氛围。

（执笔人：川俣纯）

参考文献

村松浩幸（2000）『ITの授業革命』東京書籍，pp. 22－31

遠山勉，知財尊重三原则，知財ブログ http：//chizai. cocolog－nifty. com/chizai/re-spect. html（2012/12/19 最終確認）

4.4 发明品构思的学习
——通过创意构思体验"尊重循环"

(对象:初中三年级;科目:技术领域的技术家庭课、D 信息与计算机;时间:8 小时)

1. 概要

在初中阶段的技术科目里设置电子作品设计与制作课,让学生研究发明品的构思,通过这种"挖掘创意"的学习,促进学生从发明的角度看待"尊重循环"。

2. 教学宗旨

提到发明,学生可能通常首先联想到发明可以"让生活变得便利""可以赚钱""让人出名"等,接下来可能会说"发明是特别酷的事情""想出发明品的人是特别聪明的人",觉得发明是件遥不可及的事情。本课程则通过引导学生从日常生活用品中挖掘发明品的创意,让学生意识到谁都可以具备发明的能力,体验挖掘创意的乐趣,理解尊重创意的重要性。另外,让学生知道宣传也是让更多人了解自己发明的必不可少的手段,要能够在有限的时间内有效地向别人传递要表达的信息,从而让学生站在创作者的立场上,提高知识产权意识。

发明品构思学习课围绕"尊重循环"开展,即"创造、共享、表达、尊重"四个过程(图 4-13)。首先,在创造环节,以身边常见事物为主题开展思考创意。其次,在共享环节分组商议,每组归纳出一个创意。需要提醒学生注意，这里的创意不是像哆啦 A 梦的口袋那样的童话故事，而是在现实生活中能够开发，具备"实用性""新颖性""可实现性"几个条件的构思。再次，在表达环节，为了宣传创意，每个小组分别制作 PPT 演讲资料并发表。最后，在尊重环节，倾听每组的宣传陈述并互相评估，从而达到彼此认可，提高互相尊重的意识。本课程的最终目标是让学生体验创作者的立场，进而提高其知识产权意识。

思考创意(创造)　　共享创意(共享)

分组制作PPT演讲资料　　陈述发言与评估(表达、尊重)

图 4-13　在发明品构思活动的教学一线

3. 教学目标

兴趣、动力、态度	• 能够带着知识产权意识进行创造性的活动 • 有热情、与其他人合作进行创造性的活动 • 培养以知识财产为基础的尊重知识产权的意识
思考、判断	• 收集、分析信息，考虑多种多样的创意 • 了解自己及他人的著作权，以及使用著作权的判断标准
技能、表现	• 能够在创造性活动中考虑著作权 • 能够通俗易懂并恰当地表达创意
知识、理解	• 了解知识产权制度概要 • 了解产业发展与产业财产权的关系

第4章 初中的实践案例

4. 教具

PowerPoint2007（微软公司）的白板，以便在第二节课时用于创意的商议和归纳。教学工作安排表如下：

(1)《创意申请表》

用图形和文字表达创意。第一节课，每个人分别填写自己考虑的创意；第二节课，分组，每组填写归纳出来一个创意。

(2)"思考原创商品，制作PPT宣传演讲资料！"

每个小组在组内分配任务，思考如何设置演讲资料幻灯片并进行记录。

(3)"PPT演讲资料制作记录"

在第三~六节课时，回顾小组活动并记录，用以明确下一节课的目标。

(4)《创意发表评估表》（表4-4）

根据每组发表的内容进行互相评价，并将评价意见填入表格。

表4-4 创意发表评估表

1. 关于创意挖掘
① 原创性
② 生产可能性
③ 实用性
④ 发展性
⑤ 有趣性
2. 关于PPT演讲资料
① 是否通过演讲资料传递了制作人的意图和主张
② 演讲资料的信息是否能够让人有效接收
③ 幻灯片的色调、设计及效果设置等是否与内容切合，是否有效
④ 背景音乐等是否与内容切合，是否有效
⑤ 是否考虑到了素材的著作权
⑥ 结构是否做到了起承转折
【建议等】"这里很好""这里这样表达就更好了"等

(5) **制作8个课时的幻灯片授课资料**

使用幻灯片，可以用图形和文字将观点通俗易懂地阐述给学生，同时也可以让学生领会一些展示资料的制作方法。

5. 教学实践

学习活动	培养能力与评估	时间
创造 □ 思考原创商品 ① 身边的发明品 ② 每个人分别思考原创商品	• 了解身边的发明品 • 能够思考原创商品 ◎ 针对给出的主题，是否能思考出解决不便利点的创意	1 小时
共享 □ 以项目小组为单位进行思考 ① 每个人介绍自己的创意 ② 小组讨论，归纳出一个共同创意	• 能够通过小组讨论，归纳出一个共同创意 ◎ 是否能将自己的创意介绍给同组的伙伴 ◎ 是否能共享彼此的创意，并归纳成为一个共同创意 ◎ 挖掘的创意是否具有实用性、新颖性、可实现性 • 是否能利用因特网检索相关信息	1 小时
表达 □ 制作宣传演讲资料 ① 策划宣传演讲资料 ② 制作宣传演讲资料	• 通过共同商议小组名称等工作，分配给组员任务，制作宣传演讲资料 ◎ 是否能够设计出侧重表达内容的宣讲资料 ◎ 是否能对信息进行选择取舍，创作出演讲作品 ◎ 是否能够根据作品、法律、礼仪等的规定，适宜地使用素材	4 小时
尊重 □ 发表宣传演讲资料，并评价 ■ 学习总结	• 能够根据宣传演讲资料进行陈述发表 ◎ 是否具有团队合作精神，发表宣讲演讲资料 • 是否能评价其他小组的发言陈述 ◎ 认可其他小组的创意，培养尊重知识财产的态度 ◎ 是否能理解发明等知识财产的重要性	2 小时

6. 经典课程介绍

在第二节课上，假定学生是当地一家没有热卖商品、经营状况不佳的公司职员，并设定一个场景——"从今天开始，你将被派往这家公司的商品开发部技术科工作，并被选为新商品开发项目组的成员。开发项目关乎公司命运，现在我们将分成9个项目小组分别开展工作。"为了让每个小组的讨论

第4章 初中的实践案例

顺利进行，先请小组成员确认小组活动的注意事项。首先，应在《创意申请表》中用图形和文字表达创意的要点，并用幻灯片阐述创意的实用性（创意是否有助于解决问题或课题）、新颖性、可实现性（即通过这种方法可以实现的技术预估）。每个人在分组之前，根据给出的主题进行原创思考，分组后每个人先在组内介绍自己的商品创意，共享创意，然后共同探讨归纳出一个原创商品。例如，以交通工具为主题的小组最后归纳出共同思考环境友好型车辆。交通工具小组在探讨过程中，从一开始"消减二氧化碳"的想法逐渐达成"不产生二氧化碳"这一统一意见，然后通过相互倾听、思考和探讨，打开新视角，产生新想法。比如，不用汽油作为燃料，而使用电池或氢燃料；轮胎移动时，靠喷射空气使汽车悬浮前进等想法。学生将最终归纳出的某个创意填入《创意申请表》（图4-14）并提交。在第三~六节课上，假定公司即将召开新商品开发会议，每个项目小组都需要在会议上发表创意。因此，每个小组应给组员分配任务，包括组长、副组长、设计、效果设置、背景音乐等角色，并给每位组员分配制作几页幻灯片的任务量，通过团队合作制作宣传演讲资料的每一页（图4-15）。在涉及著作权引用时，应注意信息使用时的注意事项。在这节课即将结束时，回顾本节课的活动内容，填写演讲资料制作记录，明确下一节课的目标。

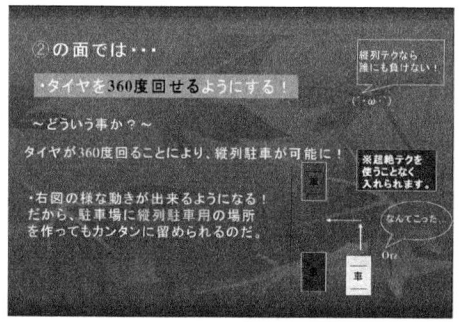

图4-14 创意申请表　　　　图4-15 小组陈述示例

7. 实践成果

在发明品构思课程中，学生通过思考创意、制作宣传演讲资料，站在创作者的立场，改变惯常的思考方式。表4-5是学生实践后的感想，可以作为老师的参考资料，提前了解或预测学生的状态。

表4-5　学生感想

> □ 在与小组里的伙伴探讨"这个怎么样""这里这样做吧"的过程中，感觉技术是一件特别有趣的事情。（中间略）在探讨的过程中开始思考"所谓发明是什么"。通过这次构思发明品的课程，懂得了想成为对别人有用的人，想让世界变得多姿多彩的这种意愿很重要。（中间略）我也想思考、制造出能给很多人带来欢乐的发明。
> □ 懂得了不能自己闭门造车，应该加入其他人的意见，使自己的原创商品越来越好。能明白这个道理，让我既兴奋又高兴。（中间略）而且，可以从原来的紧张变为坦然地让其他人审视自己的作品，接受别人的评价，这个过程特别有趣。（中间略）技术原来是一件如此有趣的事情，以前从未感受到。通过"构思原创商品"这个课程，收获了很多，提高了对发明的兴趣、对技术的兴趣、对手工制造的兴趣，很开心。
> □ 一般上课都是被迫灌输的角色，这个课程则可以让我站在输出信息的立场上，非常高兴。这个课程让我注意到构思创意的广度和形式的不同，也给我提供了思考未来的机会。自从学习了这个课程以后，看到身边的事物，经常会突发奇想，我能不能让它变得更方便呢？
> □ 通过这个课程的学习，我意识到身边熟悉的物品原来都可能是很厉害的发明。（中间略）我觉得最重要的是与伙伴们的合作。只有每个人都对自己的分工负责任，小组工作才能顺利推进，只有伙伴们互相听取意见才能制造出优秀作品。我认为在这个课程上学习到的技术之外的东西更珍贵。

在发明品构思课实践结束后，就学生学习的收获及得以拓展的能力进行了问卷调查。调查结果显示，该课程在以下方面效果显著：加强了"对手工的兴趣与关注""尊重他人创意的姿态""对身边技术的兴趣与关注""与伙伴的交流能力""对发明的兴趣与关心"；提高了"付出努力的能力""与伙伴合作解决课题的能力""发表信息、输出信息的能力"。

8. 实践建议

运用与日常生活贴近的场景来设定发明品创意的主题，学生和老师都很容易切入。将每个人作为设定场景中项目组的一员，这样不仅可以让学生意识到同伴的存在，而且可以提高角色的责任感。课程设定的场景和题材，应该能让学生转变日常习惯的思维，从使用者转变到创作者立场，从信息输出者的角度思考问题，这样就可以有效地实现预期效果。

（执笔人：吉冈利浩）

参考文献

吉岡利浩・村松浩幸・松岡守（2012）「技術科における協同学習モデルを適用した発明品構想学習の授業プログラムの開発と評価」三重大学教育学部研究紀要，『教育科学』第 63 巻，pp. 173 – 179

第 5 章
高中的实践案例

5.1 为生产新商品做市场调查、研究和开发
——通过模拟体验学习知识产权知识

（对象：普通高中普通科一年级至三年级；科目：学校固定科目"高中现代文明论"；时间：每个学年 5 小时，总计 15 小时）

1. 概要

为了让学生均衡地学习人文科学知识、自然科学知识和人类教育知识，东海大学在本校及所辖全部教育机构开设了"现代文明论"课程，其中，高中的授课科目为"高中现代文明论"。在东海大学附属高中，知识产权教育是"高中现代文明论"科目的授课主题之一。这所高中根据教学计划，将知识产权教育设置在高中三个学年，总计 15 个小时，平均每个学年 5 小时。在每个学年都设定相应的知识产权学习主题，学生从基础开始逐步积累知识和能力。各学年设定主题如下：

第 1 学年	基础篇——培育丰富的创造力
第 2 学年	基础知识篇——理解知识产权
第 3 学年	应用篇——学习创业家内在精神

"高中现代文明论"研究课 ※入学第二年实施

① 知识产权教育（特殊课程）：由专门教师就著作权与产业财产权相关的知识进行授课。

② 知识产权教育（教学科目）：由各教学科目的教师进行授课。

2. 教学宗旨

将课程融入地理、历史、公民等学科的"现代社会"单元的学习中，即在"现代经济社会与国民生活"中关于市场机制的内容里加入知识产权模拟体验学习。以企业的商品开发竞争为模型，让学生模拟体验生产新商品的市场调查、研究及开发的整个过程。在这个模拟过程中理解什么是知识产权（特别是产业财产权），培养学生建立尊重自己和他人权利的意识。

在研究课程开始之前，让学生转换角色，负责新产品开发，以自己熟知的杯面为主题，策划制造"畅销"商品（图5-1）。在此过程中，指导学生站在消费者立场考虑目标消费群体，分析年龄层等问题。然后将学生分组，每组学生就杯面的种类、味道、容器形状、商标及名称等问题进行探讨，并将他们的构思"形体"化。

①学生创意的特辣杯面，追求极致辣味的刺激口感

②学生创意的问答题杯面，给考生做夜宵

③学生创意的方便面，卖点是豪华容器

④教师创意的既不需要煮，也不需要水的方便面，给受灾地区做救援物资

图5-1 课堂上设计创造的各种各样的杯面

在上研究课当天，开展商品售卖竞赛。每个小组将自己的商品展示出来，由其他组成员作为消费者对"要买的商品"进行排名。最终，将获得"好评"的商品摆放在门市前，"卖不动"的商品则在柜台销声匿迹。学生通过这样的模拟学习，也能体验到市场竞争的残酷性。

3. 教学目标

知识、理解	• 理解创造性及知识财产在现代社会体制中的含义 • 理解自己及他人的创作物所具有的外观设计权、商标权、著作权等权利
思考、判断	• 通过实物制造、接受他人评价等体验，认识创作物的价值

4. 教学实践

实践过程	学习内容	学习活动	指导上的注意点	教材	学习形式
知识导入 (7分钟)	□ 复习资本主义经济特征下市场自由竞争的知识	• 确认是否能够理解和掌握市场竞争原理 • 引导学生明白，市场竞争导致出现价格领导者（Price Leader），从而价格竞争将减少，非价格竞争将愈演愈烈	• 引导学生思考：知识产权对非价格竞争的影响非常大 • 明确告诉学生，这是本节课的教学目标及主题	教科书、做笔记	面向全体（讲义）
开展实践 (35分钟)	□ 在垄断市场经济下，非价格竞争再现 □ 以制造杯面的公司为场景，假定学生是该公司商品开发部的成员，需要宣传自己公司的产品	• 组织杯面新产品发布会，将学生提前分成4组，分组陈述各自小组为制造出"畅销产品"，做了哪些改进和努力（教师也加入） • 其他组的学生从消费者的角度对发布陈述进行评判	• 为了使自己的产品有特色，区别于其他公司（其他组）的产品，可以做什么 • 提前指导学生避免模仿已经存在的产品，要有自己的创意点 • 要提及专利、外观设计、商标、著作权等知识	就已经准备好的产品做介绍（电脑、投影仪）	分组学习（学生参与型）

第5章 高中的实践案例

续表

实践过程	学习内容	学习活动	指导上的注意点	教材	学习形式
总结 (8分钟)	□确认并理解在现代经济活动中，知识产权已经成为重要的经济要素	• 接受学生的评判，确认在非价格市场竞争中取胜的关键是什么，学习知识产权的重要性	• 强调在现代社会经济活动中，知识所有物及知识产权具有重要意义，同时要提到国际竞争	国际竞争力数据	面向全体（讲义）
备注		用PPT发表	教师也按同等要求参与到新商品发布活动中，发表陈述作品，由学生评判		

上述产品创意案例中提及的无需热水的杯面，其包装（标签）使用了电影《夜晚野餐》的海报（图5-2）。使用这个海报前，相关人员已经向松竹股份有限公司申请了许可，被允许以教育为目的在校园内使用，但在使用时必须附带版权符号"©"。此包装图片已经被纳入介绍外观设计权、商标权、著作权的原创教材中。

这款方便面标签上显示了外观设计权、商标权、著作权等内容。为在本书上刊载这张标签图片，相关信息都保留了原创产品中的内容。

图5-2 在教材《知识产权用语详解》中使用了图5-1中创意产品的某商品标签

5. 实践成果

以杯面为主题的新商品开发教学案例虽然只是一种模拟体验,但学生们显然对自己创作的商品寄托了深厚的情感,在对商品优缺点进行取舍时都认真地进行抉择。通过这种教学,学生理解了付诸心血制造出来的产品、努力开发的原创商品的价值,从而树立了尊重自己和他人知识产权的意识,效果显著。

6. 实践建议

以手工制作为基础的创造性教育及知识产权教育,其关键是让学生能够将自己的构思和功夫落实到具体"形体"上。因此,选择的主题要贴近生活,而且是用较短时间就能制作出来的简单的东西。这样,同学们既可以通过完成创作物获得成功的体验和成就感,也能把自己曾做的努力深刻地印在记忆里。另外,也可在校园纪念日、文化节等校园活动中加入丰富多彩的创造性教育题材或教材,让学生在实际生活中运用知识产权教育。

7. 与校园活动相关的知识产权教学实例

在学校运动会或球赛上,可以在班旗制作中加入知识产权相关教材的学习;在校园文化节上开展店铺宣传模拟活动或电影创作活动。比如,在校园内模拟创建餐饮店,制作店面宣传广告;自己创作电影时,就图片及音乐的著作权、卡通形象设计等环节加入知识产权元素,实施知识产权教育。更具体地讲,比如,在制作宣传广告时加入电影分镜头,包括电影或话剧的剧情、剧本等,借此机会让学生实体验存在于身边的知识产权。

(执笔人:笠井贵伸)

5.2 "知识产权"作为学校固定教学科目的实践
——努力将"知识产权"打造成必修通用学科

(对象:普通高中工科一年级;科目:学校固定科目"知识产权";时间:35 小时)

1. 概要

笔者为了推进学校增设"知识产权"科目,积极奔走于很多相关活动,比如,笔者提倡应将"发明教育"(新词汇)纳入工业教育中,因此自学、研究,加入当时的发明协会(民间团体),成为会员等,直到1981年这个建议被教师们采纳。再如,与学生一起研究出"人工肌肉"(最终由普利司通公司获得相关权利),递交专利申请,并计划将这一实践活动写入教材等。由于有人指摘,教学实践活动不应该超出学习指导纲要的范围,笔者不得已放弃了一些想法,但是一直坚持提倡发明教育的必要性。此后,笔者在福冈县篦原裕明老师的指引下,在征得日本特许厅、文部科学省及爱媛县教育委员会同意的基础上,在学校增设了"知识产权"科目作为固定教学科目,实施至今[1]。

2001 年,笔者就职的爱媛县县立松山工科职高参加了 INPIT 主办的"实验合作校项目",以此为契机笔者开始从事知识产权教育实践活动。同年,又开发了很多相关教材。2002 年,教材开发已经比较完备,笔者又在此基础上,每年教授"课题研究""知识产权""信息技术基础"等课程,一直至今。2002 年,笔者工作调动到爱媛县县立今治工科职高,讲授上述相

---

[1] 指 2013 年,后同。——译者注

同课程。2007 年，"知识产权"成为学生完成学习后可以获得 1 学分的学校固定科目，以电子机械科的一个班为实验班进行授课。从此，"知识产权"教育成为正式课程，学校开始规范授课，一直实施到 2010 年，历时四年。2011 年以后，此课程被纳入"工业技术基础"课程中。2013 年，实教出版社根据新版《学习指导纲要》出版了《工业技术基础》一书，书中纳入上述课程内容，从此，"知识产权"教育课程通过这本教材继续得以实施。

2. 教学宗旨

本课程的教学宗旨及目的是"学习以产业财产权为核心的知识财产的基础概要知识、专利信息检索技巧等，理解知识产权在现代社会的意义及作用，同时，培养推动产业发展的创造能力或在实际生活中的运用能力及意识"。其教育特色在于可以不脱离教室，完成《创意动手练习》中"构思—绘制草图—制作创意作品—评估—激励"的全过程，并使用独立开发的"培养创造性和热情"的教材，进行多次反复的教学实践，后文将进行详细介绍。希望本节介绍的教育实践内容，不只在职业高中进行应用，而且能够在更广泛的教育空间中得以应用，"培养能开拓多彩未来的人才"，为实现知识产权创造立国献力。

3. 教学目标

下面罗列了"知识产权"科目的 4 个教学目标。在新版《学习指导纲要》指定的课程中加入知识产权的精髓，其教育内容之深刻，教育效果之显著，都是前所未有的。

①	培养"解决课题的深入思考能力"
②	培养"创造新事物的丰富的想象力"
③	培养"创意并付诸努力的热情和能力"
④	培养"制作能力"

4. 教学实践

（1）教材开发历史及推广活动

如前所述，2001 年笔者独创了一套训练构思的教材，命名为《创意动手练习》,其中包含了学生动手创作、专利电子图书馆检索、相关知识产权学习等实践性的内容。在动手创作部分,教学实践案例非常丰富,例如"日本古代折纸对发明的启发——体验三浦折叠法""用纸片支撑钢笔的练习""ABC 组合练习——开发制造牛奶、砂糖、搅拌棒三者组合的创意产品""要素分解及再构成练习——创意牙刷的开发、创意剪刀的开发""用钢丝制作新型曲别针(新型纸杯、新型便签等)"。2002 年 8 月,又开发了关于纸塔搭建的教材。这一系列教材最大的特点在于,可以在教室里让全体学生同时参与,而且几乎不需要经费,也无须花费很大精力进行课前准备。这些特点都非常有利于课程在学校的推广普及。

上述课程是"给学生设定一个主题,让他们发挥想象,绘制创意草图,然后立即在课桌上动手制作;在此基础上,指导学生利用专利电子图书馆进行检索直到获权"的一系列过程,笔者将这一教育方法整理为"NAITO 式(内藤式)知识产权教育法",并分别在 2007 年 11 月 10 日山口大学举办的日本知识产权协会知识产权教育分会第 5 次知识产权教育研讨会、2008 年 6 月 28 日在日本大学召开的日本知识产权协会第 6 次年度学术研究发表会上发表。这种在课桌上就可以简单实现的创造性教育及知识产权教育方法,在独立行政法人教师研修中心主办的产业与信息技术指导者培训研修中被视为最佳教材采纳,广泛用于培训活动讲义、撰写、讲演、公开课等活动,在全国逐步获得认可。2013 年,这个教育方法被载入《工业技术基础》,内容多达 9 页,从此公开面向全国推广和普及。《工业技术基础》的编写围绕当时即将颁布实施的新版《学习指导纲要》要求进行,经文部科学省审核通过。至此,笔者感觉实现了 30 年的梦想,期待今后能进一步应用和发展。

(2)"知识产权"作为学校固定科目的教学内容

教学内容(教学大纲)如表 5-1 所示,另外,还根据这个教学大纲编写了每节课的授课计划,表 5-2 是第一节课的板书计划,展示了授课计划的部分内容。此课程在笔者的教学实践中被设置为 1 学分制,但笔者认为 2 学分制更为理想。这个课程虽然也包含关于知识产权制度的讲义,但"提高创造性的教育"才是课程最主要的特色,下面将围绕这个主要特色详细介绍课程内容。

表 5-1　学校固定科目"知识产权"的教学大纲

教学领域	××业	科目	知识产权	学分数	1~3 学分
专业	×××科	学年	×年级	是否必修	必修
学习目标					

	学习项目	评价标准（评价角度）
学习内容	1. 入学指导 （1）学习什么 （2）社会需要的人才 2. 人类与制造发明 （1）人类的进化及发明 （2）向古人学习 （3）向学长学习（专利大赛获奖事例） （4）身边的发明品 3. 知识产权制度的基础 （1）产业财产权的各种分类 4. 创造力的源泉与学习 （1）制造与数学 （2）灵感与制造（体验三浦折叠法） 5. 促进灵感的方法 （1）打破常识，用大脑深处想出创意，头脑风暴 （2）发散法 ① 强制联想法、奥斯本检核表法实操 ② 自由联想法、思维导图法实操 ③ 要素分解、重新组合法 ④ 向发明家和创意家学习，如爱迪生、宫崎骏等 （3）收束法 ① 亲和图法 （4）仿生学 6. 创意动手练习 （1）用纸片支撑钢笔 （2）搭建纸塔 （3）ABC 三种物品的组合演练 （4）开发创意剪刀、创意牙刷等 （5）开发新型曲别针 7. 专利电子图书馆 （1）文本检索 （2）探索自己的发明（曲别针） 8. 向专家学习 （1）创业者的发明人生 （2）向专利代理师学习 （3）向企业的知识产权管理者学习企业的知识财产管理 9. 综合实践 （1）对自己的发明提出模拟授权申请 10. 日本的知识财产 （1）创造日本的未来 （2）我们前进的道路 11. 总结一年的学习	1. 理解学习内容。[D] 明白社会需要什么样的人才。[D] 2. 理解人类的发展与制造、发明的关系。[D] 理解什么是能够获得专利权的发明。[D] 3. 掌握产业财产权，包括专利权、实用新型权、外观设计权、商标权等。[A·D] 4. 明白为了提高创造力，参加学校的学习活动很重要。[B·D] 5. 掌握产生创意的方法和提高主动性。[A·B·C·D] ● 理解大脑产生创意的原理。[D] ● 理解并活用头脑风暴法、奥斯本检核表法、思维导图法。[A·B·C·D] ● 理解并活用要素分解、重新组合法。[A·B·C·D] ● 了解热销商品开发秘诀，提高制造热情。[A·B·C·D] ● 理解并活用亲和图法（亲和图法）。[A·B·C·D] ● 理解仿生学。[A·B·D] 6. 提高发明和创意的主观能动性。[A·B·C·D] ● 实践并运用创意方法。[A·B·C·D] ● 培养挑战精神和战胜困难的韧性。[A] 7. 掌握专利信息的基础知识。[A·D] 能够通过电子图书馆进行简单检索。[A·C] 8. 掌握专利申请书、专利权范围、说明书、附图、摘要等的撰写方法。[D] 理解创业。[A·D] 了解日本的知识产权战略及专利战争等世界时事。[A·B] 9. 培养获得专利权的热情。[A] ● 培养专利申请的基础知识。[B·D] 10. 争取做想象力丰富、有动手制造能力的企业人才。[A] 11. 总结一年的学习。[A·B·D]

续表

角度	[A] 关注度、主动性、态度；[B] 思考能力、判断能力、表述能力；[C] 技能；[D] 知识点、理解程度
评价对象	教师通过观察给出的评价、笔记、课后感、小测试、定期考察、工作表、报告、作品、申请文件（模拟）、系统文件夹、成果汇报、出勤状况等进行综合评价
教科书	日本特许厅和INPIT联合出版的《产业财产权标准教材（综合篇）》
备注	评价标准同时也是学习要达到的目标

表5－2 授课计划（可用于板书）

今天的主题：
学习什么？

准备物品：
《产业财产权标准教材（综合篇）》
整理册40册、封皮纸
草稿纸80张

"知识产权" 1学分

【准备物品】
- 标准教材
- 整理册

× 不需要笔记本

【学习什么】
思考能力 + 知识
- 知识财产为什么重要？
- 日本专利制度解密（法律）
- 训练创意——三年级课题研究小组的创意作品
- 专利申请方法

【评价】
- 授课态度
- 期末考察与小测试
- 笔记（资料整理、整理册的作用、学习的积累）
- 实施
- 通过讨论等共同实施并发表成果
- 创意、创造性

【企业与社会需要什么样的人才？】

【作业要点】
要强调为了建设日本的未来，学习知识产权非常重要。
让学生提前知悉评价方法。
让学生思考企业和社会需要什么样的人才。
让学生思考如果自己走上社会进入公司工作，自己的立场是什么。

【评价方法】

方法（对象）		简称	说明及注意点
关于评价表的使用	学生自我评价	自我评价	自己监督自己的学习态度和过程
	学生相互评价	相互评价	通过成果发表等让学生互相评价
	教师根据观察给出评价	观察	教师客观地观察每位学生的学习状况，并给出评价
考察、小测试		测试	评价知识学习量
工作表		工作	评价工作表填写的状况
报告		报告	评价针对课题提交的报告内容
创意作品		作品	评价创意作品的独创性和努力程度
申请文件		申请文件	评价模拟申请文件
系统文件夹		文件夹	评价通过学习过程积累的笔记和资料
成果汇报态度		汇报态度	评价是否以认真的态度发表陈述演讲
成果汇报内容		汇报内容	评价是否要点明确、通俗易懂地表达出来
出勤状况		出勤状况	评价课程参与程度

① 主题2——人类与制造发明（2）向古人学习

用影像介绍爱迪生、松下幸之助、本田宗一郎等发明家的伟大事迹，引起同学们的兴趣。

② 主题5——促进灵感的方法（图5-3）

在指导学生的过程中，为了让学生发表天马行空的创意或意见，组织他们开展头脑风暴，试用"亲和图法"。还可以指导学生使用思维导图法，这一方法在用来整理汇总"意见或想法（创意）"时优势明显。利用这些

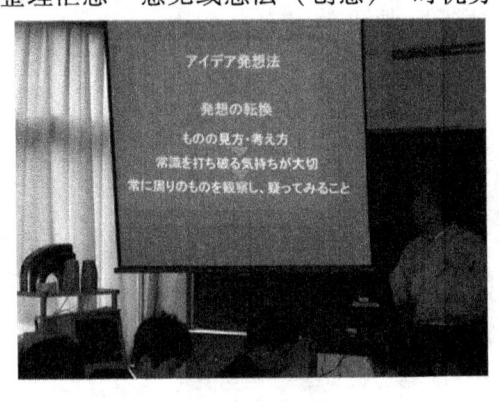

图5-3 促进灵感的方法的讲义

方法，可以从身边提炼主题，在平时的生活中运用训练。另外，抛出"什么是创造？如何提高创造能力？"这一主题，向学生介绍头脑里浮现创意的原理、奥斯本检核表法等简单的想象技法。

③ 主题6——创意动手练习

a. 用纸片支撑钢笔

学生挑战用4cm×14cm的绘图纸（面积越小越难）和剪刀，将钢笔垂直支撑起来，如图5-4所示。为解决这一课题学生们将绞尽脑汁，思考、制造、试验、失败、重新思考这一"创造螺旋"过程将不断进行，最终形成优秀的解决办法。学生在体验螺旋式前进的过程中，明白了"有了想法首先应该付诸试验"，从而培养行动力，这是教学的重要目标之一。换言之，教学目的在于革新学生的意识，从一个在头脑中想着"这样肯定不行……"的凡事找借口的人，转变成为一个"能不能行得通，先试试看"的有执行力的人。另外，应让学生时刻保持日本"资源稀少"的意识，"在材料匮乏的条件下可以用智慧（知识财产）解决问题"，这一点也至关重要。

图5-4 纸片支撑钢笔

b. 搭建纸塔

如图5-5所示，用约15cm×15cm的厚纸（面积越小越难）和剪刀，挑战搭建纸塔高度的极限。这个课题与前面"用纸片支撑钢笔"课题的主旨相同，同时又具有自己的重要特色，即这个课题的评估方法非常简单明了。在规定时间内（笔者一般设置为20分钟）测量所搭建的纸塔最高高度即可，测量范围为从底面开始到上面稳定的部分为止。这完全是一种客观测评，不加任何主观因素。这个课题主要挑战"搭建塔的极限高度"，所以最终成果只用高度评价即可，美观程度或设计感都不必作为评价因素。

图 5-5　搭建纸塔

以前有些学生对在课堂上以背诵为主的科目失去了学习兴趣和热情，但在这个课程中，可以看到他们目光炯炯，不怕失败、专心致志挑战和解决课题的样子，令人感动。在这个课程上，最重要的一点是不要诋毁任何学生的任何作品。即便纸塔搭得不高，也饱含了学生的智慧结晶和个性，没有任何一件作品是"不行的作品"，教师应该从每件作品中看到学生的付出，发现其优点，及时予以表扬。

c. ABC 组合练习

如图 5-6 所示，将牛奶（A）、砂糖（B）和搅拌棒（C）分别组合，即 A 和 B、B 和 C、A 和 C、A 和 B 及 C 的组合，创意产生新的让生活更便捷的商品。在这个实操课上经常会出现意想不到的好创意。需要指出的是，这个课程的评价标准是量而不是质，此课程的目的在于让学生不断发挥想象，挖掘其潜在的斗志和能力，因此对每个创意和想法都不要进行批判。

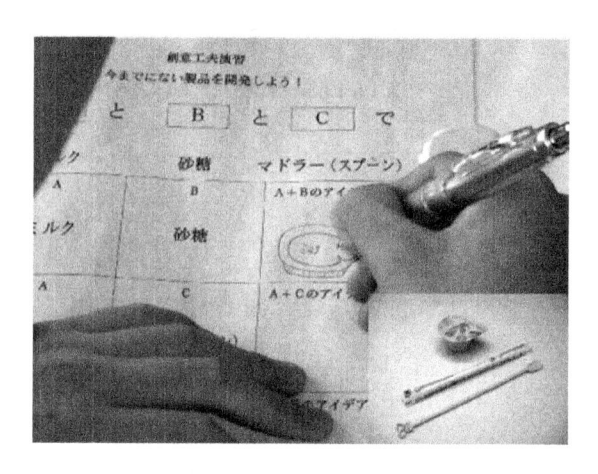

图 5-6 ABC 组合练习

d. 开发新型剪刀

假定学生们已经参加工作,就职于某公司的新商品开发部门。将全班学生分成 4~5 组,分组开展头脑风暴,探讨制造具有卖点的创意剪刀作为新商品,比如,"方便的剪刀""可爱的剪刀"等(图 5-7)。让同学们将创意图形画出来(图 5-8),分组进行陈述,要点也是只褒不贬。

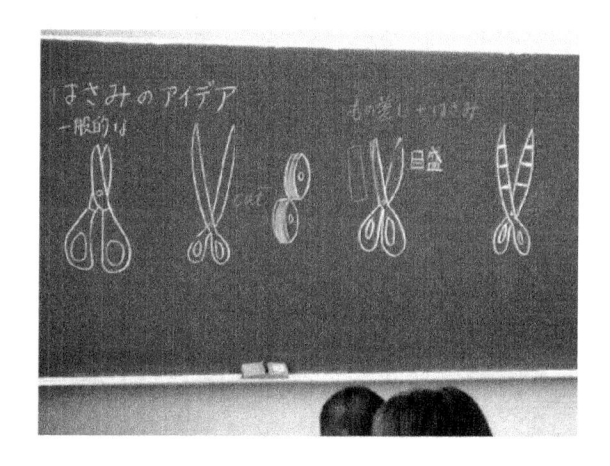

图 5-7 开发新型剪刀

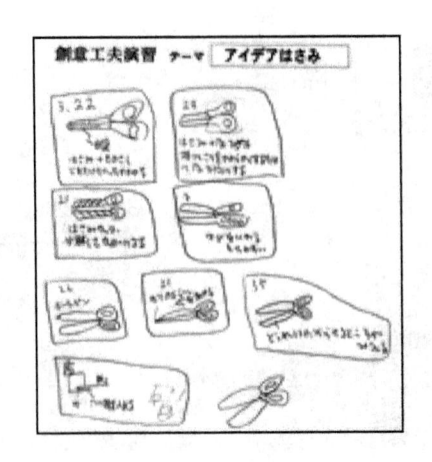

图 5-8 学生的创意

如果时间充裕，还可以按照创意剪刀的流程实施"创意牙刷"等其他主题。

e. 开发新型曲别针与专利电子图书馆检索实操

首先，将市面上销售的普通曲别针分发给每位同学，同学们先拿着曲别针讨论它的功能与特色，并总结归纳。然后，同学们尽情发挥想象，想出比市面上的曲别针更"便利""可爱""易操作"等的新型曲别针，也就是有市场、将会大卖的曲别针，创意越多越好，并将创意图形绘制到纸面上（图 5-9）。接下来，学生在自己绘制的创意中选择最佳创意，并用钢丝和钳子试着做出来（图 5-10）。在制作的过程中，学生将不断反复"试作—试用—改良"的过程，直至完成自己最满意的作品。最后，教师

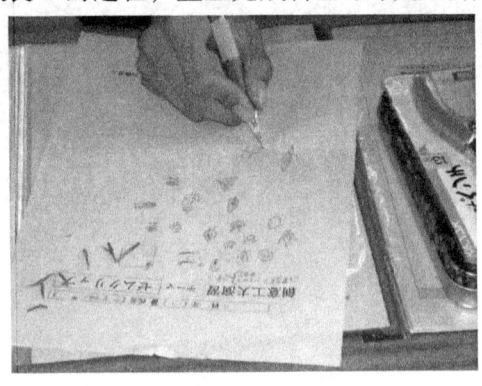

图 5-9 构思新型曲别针

指导学生使用专利电子图书馆检索（图 5-11），查阅在实用新型权和外观设计权中是否有同类产品，然后尝试申请授权。

图 5-10　试作新型曲别针

图 5-11　利用专利电子图书馆进行前期检索

（3）评估

在评估环节制定评估体系，具体设定计算成绩的标准和细化的得分点。根据这套评估体系，可以将教师观察、试听课感想、讲演感想、小测试、定期考察、工作表、报告、创意作品、模拟专利申请文件、公文包系统（Portfolio 系统）、成果发表、出勤率等情况都作为得分点，对学生进行合理的综合判断，给出成绩。

5. 实践成果

通过一整年的教学活动，学生们积极参与，发挥想象，想自己创造知识财产的跃跃欲试的样子都历历在目。强烈建议在下一版《学习指导纲要》中，将"知识产权"增设为所有高中生必修的固定学科。

6. 实践建议

前面介绍的"给学生一个课题，让他们发挥想象，绘制创意草图，即刻在课桌上开始动手制作。在此基础上，指导学生使用专利电子图书馆进行检索直到获权"这一系列教育实施流程，被称为"NAITO 式（内藤式）知识产权教育法"，迫切希望能作为创造性教育及知识产权教育的教材内容被广泛采纳、应用和巩固。

（执笔人：内藤善文）

参考文献

文部科学省「高等学校学習指導要領」（2009 年 3 月告示）

山口大学（2008）『知的財産教育教本』山口大学現代 GP

文部科学省（2012）『工業技術基礎』（7 実教 工業 301）実教出版

内藤善文「学校における知財教育の具体的指導例」産業・情報技術等指導者養成研修テキスト

内藤善文（2009）「工業高校における創造性育成のための知財教育の実践」日本知財学会第 7 回年次学術研究発表会要旨集

内藤善文（2010）「工業高校における創造性育成のための知財教育の実践」同上，第 8 回要旨集

内藤善文（2011）「豊かな日本を拓くための知財及び創造性教育の意義と位置づけ」同上，第 9 回要旨集

内藤善文（2012）「将来発明者になりえる人材を育成するための国家戦略的教育プランの提案」同上，第 10 回要旨集

5.3 "商品开发"试运行课
——对原创商品"好喝鲜茶"进行商标注册

（对象：普通高中商科三年级；科目：课题研究；时间：各35小时）

1. 概要

2003年至2004年，在四日市的商科职高试运行实施了系列知识产权教育的内容与方法，在课题研究科目中开设"知识产权学习"讲座，招募学生。2003年，将"专利权获取及商标注册实务"作为商科职高的授课内容，让学生学习商标等的获权知识。2004年，开展"三重县商标实态调查与分析"学习活动，组织学生就当地生产的商品的商标开展调研，为商品开发提出建议。2005年，实施"活用知识产权开发原创商品"学习活动，组织学生重新开发当地生产的商品，对"好喝鲜茶"进行实际商标注册。

2. 教学宗旨

从商科职高毕业的学生一般将从事事务性的工作。以前，以银行为主的大企业、全国性大企业的营业点或生产点用人较多，现在他们到地方中小微企业就职的逐渐增多。现状是，中小微企业拥有高科技或高质量服务，但缺乏帮助企业获取专利权及商标权的人才。因此，有必要培养从高中毕业直接到企业就职的人员，让他们具备商品开发能力，同时又具备知识产权知识，会运用，懂实务，能帮助企业将发明、首创及商标等获权。

本节所介绍的教学实践，目的在于培养在企业管理方面能够活用知识产权知识的人才，学习必要的与专利代理师沟通的基础知识，能成为一线技术人员与专利代理师沟通的"知识产权译员"。

3. 实践内容

（1）专利及商标获权实务

学习获取专利权及商标权的实务知识及技巧，包括文件撰写、获权手续等内容。首先，从当时成为热点话题的注册商标"阪神优胜"切入，引导同学们学习知识产权制度相关知识，以及实际向日本特许厅申请专利的方法。其次，关注身边的商品，研究注册商标的状况和案例，就企业防止商品名称同质化的方法做深入剖析，撰写调查报告。通过这些实践活动，学生表示，"以前以为将这些事情委托给专利代理师就可以了，但是日本特许厅对递交的申请文件要求很高，对于高中毕业就立即到企业就职的人员来说，只有自己具备了一定的相关知识，才具备实战能力，工作才能顺利开展"。

（2）三重县商标实态调查与分析

① 解释知识产权的能力

学会用自己的语言阐述商标。为了让学生练习阐述商标的技能，课前可以准备三个茶饮料的塑料瓶，将第一个塑料瓶保持买入时的原样，将第二个塑料瓶上的商品标签撕掉，将第三个的商品标签保持原样，但将其中的液体替换。通过这个活动，学生可以感受到没有标签让人没有信赖感，消费者可以通过商品的生产标签知道商品的出处。从而让学生明白商标具有显示商品出处、保证商品质量、广告宣传三个功能。此外，课上还可以让学生思考如何防止商品伪造。

② 商品试买及调研

上述学习活动结束后，让学生到大型量贩超市的餐饮卖场试买商品，开展商品实地调研。每个学生要在活动过程中思考商标问题，同时进行1000日元左右的自由购物。商品购回后，对自己购买的商品的商标状况、注册状况进行研究分析。在这次调研中，学生发现，商标上印有商品申请注册标识"TM"和已注册商标记号"Ⓡ"的情况占72%；试买商品的制造及销售公司的所在地，东京都占比74%，占绝对优势，大阪府占比7%，三重县、兵库县和广岛县数量很少,仅占比3%。为了探究当地三重县商品出产少的原因,学生又在大型量贩超市寻找制造商在三重县的商品,并购买。结果发现,购入的商品设计大多朴实简单,甚至有的商品根本没有注册商标。

通过调研,学生发现能引起消费者特别是高中生兴趣的商品极少,这凸显了商品设计与商品名称的重要性。关于商品名称的调研,同学们发现了两家公司名相近的公司,马上对这两家公司进行了咨询,了解他们对商标的认识。在听取两家公司的陈述后,学生对他们的商标提出了建议,建议他们应该使用不给消费者造成疑惑的商标。由此可见,这个活动还有效地促进了学生站在消费者立场思考问题。

③ 学习商品销售的意义

接着,引导同学们转移视线,将关注点从之前购入商品的大型量贩超市转移到现存古商业街上。首先,对当地几条商业街进行实地考察,包括了解商业街上的创新店铺、商科职高开设的零售店等的状况。根据考察,同学们发现,不同商业街的繁华程度也大相径庭。随着城市开发,焕然一新的现代化的商业街人流并不多,反而是古香古色的商业街人头攒动,充满着人情味。基于这一考察结果,请学生思考如何为促进地方商业街的繁荣贡献一份力量。通过上述一系列实践教学活动,学生们提出了很多能够促进商业街恢复繁荣的方案。学生们普遍认为,创造出让人倍感亲切的独特的商标,提高商品附加值,才能重新引回客流量。

(3) 运用知识产权知识加强原创商品开发[①]

① 商品开发与商标注册申请

在2004年的学习中,学生们指出三重县整体对商品认知度很低。根据这一调研结果,为促进"地产地消",2005年又组织学生利用地方特产开发原创商品,进行实际销售。在众多地方特产中,学生们选择了日常生活中耳熟能详的"伊势茶",对该商品的塑料瓶进行了原创设计开发和销售。首先,为了解原料来源于什么样的环境、茶叶如何配制煎制,学校为学生

[①] 世良清(2007年)《活用知识产权的原创商品开发调查研究》产业教育振兴中央会《产业教育特别研究成果》第44辑,第92-99页。

争取到与茶农协会合作的机会，派学生到四日市水泽街的茶田举办采茶体验活动，将所采摘茶叶的一部分制成商品。在商品推出之前，学生们先就商品名称进行探讨，每个人用亲和图法自由提出商品名称建议。提出很多名称后，学生们讲述感受："明白了商品名称可以赋予商品良好的印象，在促进消费者的购买欲方面有着非常重要的作用。"学生们一致认为商品名应该"引起消费者关注，使商品给人好喝的感觉，并借此机会宣传高中生的形象"，最终将商品名称定为"好喝鲜茶"。最后，学生利用专利电子图书馆，检索其他公司是否已经有在先的类似商品的申请，在此基础上申请商标注册。

② 探讨商品设计

进行塑料外包装设计。首先，为了掌握塑料瓶市场的规模和设计趋势，学生们就来源于全国各地的塑料瓶制品进行收集研究。

为了与已有商品的设计区别开来，吸引消费者的关注，学生在商品色调上提出很多创意，最后将方案缩减为深蓝、粉、绿三个颜色。经过讨论，很多同学认为"粉色是有高中生色彩的颜色，与茶饮料的名称也搭调，一眼看上去很鲜明"，同学们就包装的基础色调定为粉色达成一致意见。但也有一些同学指出"在决定用粉色色调之前，应该针对三个基础颜色的设计进行问卷调查，看看哪个颜色最受欢迎"，因此实施了问卷调查。结果显示，最受欢迎的颜色并不是粉色，而是绿色。

了解到如果绿茶使用粉色调的包装，不容易让人产生好感，学生便开始重新讨论颜色设计。为了确认消费者对于绿茶塑料瓶的认知，学生再一次发起调查。经过一系列努力，最终学生就包装的色调统一了意见，"人们对绿茶的印象就是绿色，为了让人一眼望过去就意识到这个商品是绿茶，包装还是采用绿色比较好"。至此，绿茶外包装的颜色基调定为绿色。

考虑包装的字体和商品标志。学生首先就包装和标识想给买家传递什么印象进行了讨论，然后讨论总结，基本得出"想让买家感受到高中生的气息""用圆形文字或异形文字，并加一些心形标志比较好"的结论。学生将想法画到纸面上。在看到洋溢着高中生气息的标识的草图后，大家感受到它确实"像高中生，很可爱"，但又犹豫它是否能带来绿茶的感觉。还有人指出"圆形文字或过于异形的文字好像不适合绿茶""鲜红的心形也与包装基调不太相符"等意见。因此，同学们又重新讨论，在这轮探讨中，大家将目光集中在研究收集来的全国各地的绿茶塑料瓶包装上。通过研究对比，大家得出结论，提起绿茶应首先让人想到"和"文化，"用毛笔书写的楷体字更适合绿茶的感觉"。这一轮讨论的宗旨与讨论颜色时一样，注重消费者心理，讨论什么是"既有高中生风格又有和风"的标识。通过不断试错，同学们终于找到最符合这款绿茶的标识方案，他们对最后选择的标识作出这样的评价："在原来高中生气息的基础上又加入了和风的感觉"，"这款徽标应该是任何年龄层的人都容易接受的"。

同学们将讨论后达成一致的包装设计方案绘制成草图，送给塑料瓶制造厂商。几天后，从制造厂商收到设计草案回馈（图 5-12）。同学们惊讶于制造厂商反馈回来的设计，其字体和色彩都和他们想象中的风格大相径庭。同学们意识到，与制造厂商的沟通交流不足是造成包装设计差很多的主要原因。因此，同学们总结经验教训，为了正确传达自己的期望，决定与厂商直接对话，达到沟通顺畅的目的。这一次厂商充分理解了学生的要求，与学生一起在以前草图的基础上不断推敲完善，直到获得他们的认可，合作取得胜利（图 5-13）。

图 5-12 塑料外包装设计第一稿

图 5-13 塑料外包装设计终稿

③ 成本计算与销售实习

制作商品的计划完成后，教学活动进入计算成本、制定售价的阶段。产品原材料费用加上出库、入库费用和保管费用，1 瓶绿茶的成本为 125.74 日元（约合人民币 8.8 元），因此学生们决定将售价定为 130 日元

（约合人民币 9 元）。在实际生产制造阶段，生产流水线一般一批货最多是 24000 瓶，学生们决定第一批一条生产线上的产量为 9696 瓶。接下来学生们练习自己制订经营计划。在四日市市政府的帮助下，学校为学生们借到市内商业街上的空店铺。同学们满怀期待，一边说"真要自己去卖了，感觉很激动"，一边又紧张地说："第一次自己布置店铺，进行实际销售，不知道应该怎么做。"为了得到启发，学生们先去县外其他地区高中生经营的店面调研取经。通过调研，学生们在店面陈列、客人接待等很多方面学习到有用的经验。他们斗志昂扬地表示："我们要充分利用这次设计成果，实现与地方特色的有机衔接，认真制订销售计划，让商品和销售都充满亲民感。"

作为销售实习的一个环节，学生们积极尝试在各地庆典活动上或商业街的某些店面上进行贩卖。因此，他们想是否能把价格提高，使之高于原来通过成本计算出来的 130 日元。但是，到底该如何进行产品定价呢？为了解决这个课题，学生们对商业街的店铺经营者们进行了实地采访。经营者们告诉学生，可以"看看你们的周围"，如果有能构成竞争的店铺，则竞争对手的商品价格是最好的参考。"如果比其他店价格高可能卖不动，但是如果对自己商品有信心的话，定价比他们高可能反而更好"。这些靠长时间累积出来的实际经验，在任何教科书里都是找不到的，所以这样的教学实践活动堪称"行走的学习"。

4. 实践成果

通过上述商品开发活动，学生深深体会到以下五个难点：①监督商品的制造过程；②设计的深度；③确定设计名称的难度；④商标注册；⑤与人的交流。另外，同学们参加了由日本全国产业教育界举办的学生商业研究发表大会，在会上介绍自己的产品时充满自信地说："我们正在致力于生产让消费者信任的商品，请在座的各位一定品尝我们的'好喝鲜茶'！"令人印象深刻。本节介绍的教学实践案例，还为学生提供了走出学校，与当地人充分接触交流的机会，成果颇丰。

5. 实践建议

本节所介绍的教学项目，只在教室内是无法完成的。考虑到实施这个项目需要较大数额的资金，还存在商品安全性等问题，建议与企业及地方的相关部门联合推进。

商科职高的知识产权教育主要是围绕商品开发开展，其本质不只是学习知识产权制度知识，更重要的是学习如何创造物品（商品）及提供关联服务，明白知识产权在这个过程中所发挥的作用。

（执笔人：世良清）

5.4 工科职高的知识产权教育实践
——鹿儿岛县案例

（对象：工科职高一年级；科目：工业技术基础等）

1. 序言

在1999年3月版的《高中学习指导纲要》中，在"工业"教学科目的目标中加入了培养创造能力的内容，原文为"培养创造能力和时间观念，促进社会发展"。另外，在必修科目"工业技术基础"的内容中有"简单涉及工业所有权"的表述，2009年3月又修订为"涉及知识产权"，更加明确了在知识产权创造内容中应该加入与权利赋予及保护有关的知识产权教育内容。

2000年，日本特许厅以职高为对象，实施"有效利用《产业财产权标准教材（专利篇）》的实验合作校项目"，现在被INPIT实施的"开发知识产权创造力、实践力和运用力项目"取代。截至目前，鹿儿岛县有6所高中接受项目委托开展相关教学研究活动，推进知识产权教育。这6所高中分别是加治木工业高中、隼人工业高中、吹上高中、鹿儿岛工业高中、雾岛高中、鹿屋工业高中。

2. 工科职高对知识产权教育的引进

（1）工科职高知识产权教育的历史背景

根据1995年制定的《科学技术基本法》，国家由提倡"工业立国"转向提倡"科学技术创造立国"。次年召开中央教育审议会第一次答辩会。

1998 年，在理科教育及产业教育审议答辩会中，明确提出改善"工业"这一教育科目的具体教学措施，即"培养活用创意构思的实务技术者"。基于上述背景，1999 年修订《高中学习指导纲要》。另外，《知识产权战略大纲》也正式提出"知识产权立国"，并制定了《知识产权基本法》。从 2003 年开始，知识产权战略本部每年发表与知识产权推进相关的计划。在"2012 年知识产权推进计划"中提到"根据新版《学习指导纲要》，为了让教职员掌握指导知识产权内容的适当方法，教育委员会及其他相关部门应该充分利用教职员培训等的机会，落实知识产权教育内容"，促进知识产权教育相关政策的落实。相关法令及关键词见表 5-3。

表 5-3　与工科职高知识产权教育历史沿革有关的法令和关键词

时期	法令等	关键词
1995/11	《科学技术基本法》	从"工业立国"向"科学技术创造立国"转变
1996/7	中央教育审议会第一次答辩会	自主学习、自主思考的教育"活力"
1998/7	理科教育及产业教育审议答辩会	培养活用创意构思的实务技术者
1999/3	修订《高中学习指导纲要》	培养促进社会发展的创造能力
2002/7	《知识产权战略纲要》	推进面向儿童及学生的知识产权教育
2002/12	《知识产权基本法》	设立知识产权战略本部
2009/3	修订《高中学习指导纲要》	应落实知识产权内容

(2) 关于《产业财产权标准教材》

《产业财产权标准教材（专利篇）》的编制有力地推动了工科职高的知识产权教育活动。这本标准教材是 1996 年全国工科职高校长协会请求文部科学省和日本特许厅制作的，从 1998 年开始向全国工科职高免费发放（按照学年人数发放，共发放大约 14 万份）。2006 年，又编制了《产业财产权标准教材（综合篇）》，包含商标及外观设计内容，面向有需求的学校发放。

日本特许厅通过标准教材的推进和有效利用，促进了产业财产权教育在职高的深入与固定，并将研究成果汇总编制成《研究利用案例集》，提供给学校和教育机构使用。

同时，为了进一步推进教材工作，2003 年，又面向指导教师推出了《产业财产权教学指导大纲与指导手册（专利篇）》，面向全国工科职高的相关教师发放。2007年编纂完成《产业财产权标准教材（综合篇）》的配套指导资料，一直持续面向学校发放。

3. 鹿儿岛县的知识产权教育

2001年，加治木工业高中接受日本特许厅"产业财产权实验合作校项目"的委托，开始了具体的知识产权教育研究和实践。具体来讲，当时采取的知识产权教学举措面向的是三年级学生，指导学生将"课题研究"的成果或"机械小组"的发明创造等申请授权，目标是使用计算机向日本特许厅提交在线电子申请。此后，串人工业高中、吹上高中等共计6所高中加入委托项目，共同研究并持续推进知识产权教育活动，详情如表5-4所示。

表5-4 鹿儿岛县工科职高知识产权教育委托项目研究校列表

序号	职高名称	委托研究年度	主要课题
1	加治木工业高中	2001—2005，2008—2012	通过手工制作培养创造能力，学习知识产权
2	串人工业高中	2003—2005，2012	知识产权学习及专利获权
3	吹上高中	2004	研究怎样通过手工制作促进产业财产权学习
4	鹿儿岛工业高中	2005—2006	以产业财产权获取为目标的手工制作举措
5	雾岛高中	2009—2010	通过手工制作学习知识产权
6	鹿屋工业高中	2009—2011	推进与手工制作教育相关的知识产权教育

4. 加治木工业高中的知识产权教育

加治木工业高中作为知识产权教育委托项目的牵头学校，实施了一系列活动。面向教师，举办教师用指导资料实证课、全国教职员工专利研讨会等项目；面向学生，以一年级全体学生为教育对象，在"工业技术基础"科目中进行知识产权相关的持续性教育，教学重点是通过手工制作培养学生的创造能力。下面就加治木工业高中知识产权教育的具体实践案例进行介绍。

(1) 2001—2003 年

研究主题为"在学校提交专利电子申请"。首先,从日本特许厅获得电子申请软件,搭建可以通过 ISDN 线路直接向日本特许厅提交申请的系统环境。在撰写专利说明书及申请流程指导手册时,鹿儿岛县知识产权中心派检索咨询员进行指导。学校向日本特许厅提交了 8 件专利申请,全部由学生们自己撰写说明书,并利用学校的计算机直接向日本特许厅提交电子申请。

2003 年,加治木工业高中又被鹿儿岛县指定为 IT 教育实践学校,因此,从学生们平时上课的教室到实习教室都搭建了校内局域网,因特网环境完备,这促进了知识产权教育在"工业技术基础""实习""课题研究"等科目中的推广。另外,加治木工业高中还是教职员指导用书《产业财产权教学指导大纲和指导手册(专利篇)》的编纂合作学校之一,因此在该校举办了一系列实证课和以教职员为对象的专利研讨会。

(2) 2004—2007 年

在校内设立工业技术基础委员会,负责知识产权教育,针对 6 个固定学科的所有一年级学生,在"工业技术基础"科目中开展知识产权教学。特别是在机械科,确立了与"知识产权教育""手工制造教育"和"信息教育"挂钩的知识产权教育的"学习循环"(图 5-14),即从构思创意到动手制作试验品,最后到发表成果的循环。现在已经存档 100 余部记录这些活动的 1 分钟短视频资料,可以为下次相关教材的编纂与修订提供有益参考。

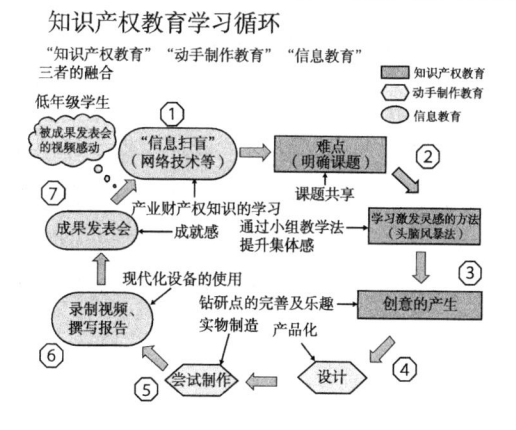

图 5-14 知识产权教育的"学习循环"

在此期间，学校在知识产权教育方面取得了丰硕的成果，列举如下：①校内设立专门委员会，负责组织策划活动；②每年组织一次教职员培训，汇报教学成果；③每年定期举办一次知识产权教育研讨会；④举办学生成果汇报会，向校外各大竞赛选送参赛选手；⑤编写教学大纲和详细的备课资料；⑥与大学联合编纂教材，推动教材编撰工作进入正规，包括Web教材的开发。另外，鹿儿岛县综合教育中心也开始实施教职员工的知识产权教育培训（图5-15）。

图5-15 教职员培训

（3）2008—2012年

学校在致力于提高学生知识产权制度基础知识水平、培育知识创造力的同时，也致力于培养学生的实践能力。学校通过校内组织、授课课程、校园活动等各种途径，在学校形成合力，互相支撑和关联，这样也有效克服了知识产权教育任课教师经常流动的不利因素。特别值得一提的是，学校从专科科目的授课教师中选拔人员组建了工业技术基础委员会，后来又发展成为包含理科和数学教师在内的知识产权及工业技术基础委员会，这样便成功地在全校通用学科中融入了知识产权教育，具有划时代的意义。另外，鹿儿岛县还联合县内工科、农科、商科、水产科等职业高中建立了知识产权教育联席会议制度，推动了职业高中整体的知识产权教育事业。

5. 总结

工科职高知识产权教育的两大支柱是"创造能力的培养"和"知识产权相关知识的学习"。其中,就"创造能力的培养"一直在教学实践中尝试摸索,后来则基本固定为创意构思的技巧方法学习(包括头脑风暴法、亲和图法等)和因特网的使用等具体学习内容上,学生经常提出很多新想法。因此,改革传统教学中"你讲我听"的教学意识和方法势在必行。

关于"知识产权相关知识的学习",在新版《高中学习指导纲要》中对教学科目"工业技术基础"作出明确规定:知识产权知识的学习应该与产业社会和产业技术联系起来,也应该与信息道德和著作权等挂钩,应该在教职员工培训和演讲会等活动上有效利用外部人才。另外,高中作为知识产权学习的高级阶段,为学生提供挑战获取专利权的机会也越来越有必要。例如,从2003年开始,全国工科职高校长协会主办了"技术与创意竞赛",文部科学省、日本特许厅、专利代理师协会等单位联合主办了"专利竞赛"。关于"专利竞赛",参与者如果被选为参赛选手(被选为扶持对象),将获得专利代理师的帮助,很有可能通过1年以内的加快审查获得专利权。主办方将资助其申请手续费、审查费和三年的专利费,让工科职高学生切实感受到专利获权就在身边。截至2012年,在专利获权方面,加治木工业高中有5件、鹿儿岛工科职高2008年有1件、鹿屋工科职高2009年和2012年共有2件,总计8件入选,分别取得了专利权。表5-5列出了加治木高中学生的专利申请情况。

表5-5 加治木工业高中学生的专利申请情况

年度	序号	发明名称	专利登记序号·公开序号
2001年	1	移动喷水设备	特开2003-181346
	2	磁性画板的擦抹装置	特开2003-182287
2002年	3	易切易粘胶带	特开2003-018429
	4	折叠式丁字拐杖	特开2004-089509
	5	配有高度调节器的动物轮椅	特开2004-187937
	6	饮料罐的开关器	特开2004-291990

续表

年度	序号	发明名称	专利登记序号·公开序号
2003 年	7	气压式双面速度调节器装置	特开 2005-141350
	8	可折叠拐杖	特许 3645563
2004 年	9	钻床作业中固定加工位置的装置	特开 2006-110515
	10	便当盒	特许 3895761
	11	可以多次封盖的纸质饮料盒	特许 3902784
2005 年	12	用于丁字拐杖的金属箍	特开 2008-018183
2006 年	13	可收纳的制图用集尘器刷	特许 4185160
2007 年	14	橡皮擦	特许 4634533

最后，试问我们一直积极推进知识产权教育的原因是什么？是不是因为看到了学生们在学习过程中所展现的熠熠生辉的光彩？笔者认为，通过知识产权教育让学生们感受到"工科职高很有意思""选择工科职高是正确的"，进而促进工科职高的所有学生"非常想继续深入学习工业科学"的意愿，才是知识产权教育的目标。

（执笔人：满丸浩）

5.5 商科职高的知识产权教育实践 1
——与地方政府合作开发商品

（对象：商科职高二年级；科目：学校固定科目"商品开发"）

1. 序言

"商品开发"是北海道下川商科职高的固定教学科目，有两个重要特色：一是该科目是二年级全员必修科目；二是该科目是充分利用与地方合作的知识产权教育活动。

开展此项教学的理由和宗旨在于：① 学生与地方产业合作开发商品，将知识产权知识与社会上实际应用知识产权的业务关联起来，通过这种体验型学习，加深理解在本教学中学习到的知识；② 让学生与实际社会接触，培养他们形成职业观和敬业思想，使其意识到自己作为社会一员的作用，明白作为一个生存主体所应该具有的职业规划能力。

2. 学校固定科目"商品开发"第一学期内容

"商品开发"科目第一学期的内容是学习商品开发与知识产权的意义。

① 从学习的意义和目的开始引导。对这一内容的指导，可以将现代贸易的特征作为教学素材。

日本知识产权教育：从小学到大学的实践与理论

> **(教学案例：部分节选)**
>
> 提起"商业"，以前一般指采购商品再进行销售的过程，即以采购贩卖为主的活动。但是，现在的"商业"已经向"贸易"转变，单纯的采购与销售活动已经很难适应社会的变化。在信息技术时代，日本乃至全世界，只要是互联网所及之处的商品都可以买到手。因此，在大量且多种多样的商品之中，能够提供满足消费者需求的原创商品非常重要。特别是最近，一般企业除了从别的地方采购已有商品进行销售外，为了进一步刺激消费者的购买欲望，还会自己策划制作商品进行销售。总而言之，当今时代，创意和生产新商品已经成为"贸易"的关键。

上面是从授课内容节选的一小部分。关于教学方法，在教学过程中一般使用亲和图法和讨论等手段。

② 通过具体案例让学生有实感，同时开展思考。特别是，以大型企业或便利店等的原创商品为例进行教学，可以提高学生的兴趣和关注度，让学生积极地参与到课程中来。

③ 就日本的知识产权战略进行教学指导。特别是随着20世纪的结束，日本泡沫经济崩溃，经济产业竞争力衰退。为了摆脱这种局面，日本政府开始关注作为人类所特有的知识创造能力。2002年，日本发布知识产权战略，制定推动知识创造发展的具体措施。先向学生讲明上述这些关于知识产权战略等的来龙去脉，让学生了解日本政府在知识产权战略方面做出的努力。之后，让学生学习知识产权各种权利的特征。

教材使用《产业财产权标准教材（综合篇）》。使用这本教材的原因如下：一是每年政府都会免费发放；二是这本教材有配套的指导用书《产业财产权教学指导大纲和指导手册》，也会一同免费发放。

指导用书的优点在于其中有详细的学习指导样例、评估标准样例、小测验及全国具体案例等内容，教师在教学中可以快速参考使用。另外，在日本特许厅官网也有知识产权相关资料，教师在指导知识产权权利分类等相关知识时，可以有效利用。

④ 就权利的"创造、保护和利用"进行教学指导。为什么要学习这

些内容，原因在于如今商品开发的重点是要跟上高速发展的技术变革的步伐，提供有别于其他公司的概念性商品。

放眼世界，通过商品差别化战略尽早实现独特贸易模式的企业获得了优先利益，确保了他人无法赶超的地位。换句话说，知识产权在商品附加值中占据的比例大大提高。因此，在产业界应有效利用这一权利提高商品的附加值，在现实社会中创造高质量的知识产权，将其切实地作为权利进行保护。然后，用现有商品进行举例教学，说明"创造、保护和利用"这一知识财产创造循环在实现社会丰富性方面的重要作用，同时，为第二学期的学习打下基础。

3. 学校固定科目"商品开发"第二和第三学期内容

从第二学期开始，教学的主要方式转变为与地方企业合作试制商品的实习活动。主要教学内容是在考虑消费者需求的基础上，活用知识产权基本知识，进行商品策划。在这个过程中，从振兴地方经济的角度，以及商品企划、贩卖和促销的角度出发，拟定商品名称，创作商标。为了不侵犯他人商标权，还要做先行调查研究。这些实践性教学活动都是本校的特色教学。

① 实习目的：通过与地方企业合作开发有地方特色的商品，学生意识到自己也是地方的一员，培养振兴地方经济的自觉和能力；利用地方特产或现有商品进行商品开发或商品改良，培养学生的创业意识。

② 对象年级：二年级全员。

③ 实施科目："商品开发"（二年级必修课）。

④ 指导体制：商科。

⑤ 实习内容：制作喷砂玻璃杯；企划原创乌冬面；陶艺制作；商标注册调查。

⑥ 实习成果：既可以学习知识产权基础知识，又能提供体验自主创业的实习机会，储备将来可能用到的知识。

4. 实习内容

(1) 制作喷砂玻璃杯

在这项实习活动中，将使用喷砂技法给玻璃杯制品喷上细砂，并雕刻学生们自己创作的纹路、图案和文字等，做成世界上独一无二的原创玻璃杯制品。设计的主题是"下川町的繁荣与宣传"。

(2) 企划原创乌冬面

在这项实习活动中，学生将就下川町的特产"手抻乌冬面"进行创作，提高乌冬面的附加价值。这项实习有如下两个目的：一是通过现有商品的改良、商品名称的拟定及包装徽标的创作等，提出适应消费者需求的商品策划；二是通过给商品命名、设计包装徽标等环节，学习商标的价值、获权方法和商标的保护。

在乌冬面企划活动中，学生们自己动手制作乌冬面，每人设计一款，再从所有作品中选出适合设定理念的作品，给企业提出商品方案。学生们通过作品提案活动，不仅为现有商品增加了附加价值，并为促进下川町的地方繁荣做出贡献。

(3) 陶艺制作

在这项实习活动中，学校邀请下川町的陶艺俱乐部的专业人员来校授课，让学生学习制作商品的基础知识。

(4) 商标注册调查

在这项实习活动中，利用专利电子图书馆系统开展调查研究。这个实习的目的是，检索已经注册商标的商品名称，学习权利保护的知识。比如，学生们在给自创乌冬面设计名称时，就可以利用通过这个实习活动获得的知识进行前期检索研究，避免使用已经被某些公司注册使用的商标或名称。

5. 其他实习（面向三年级）

职高学生升到三年级以后，将针对下川小学五年级学生开展知识产权课堂,讲授自创乌冬面的实习过程、如何为乌冬面设计名称等内容。这项实习活动的目的是,本校学生通过向小学生讲述自己学到的知识产权知识,加深对所学知识点的理解。另外,由于调研消费者需求是开展"贸易"的必要条件,因此可以从孩子的角度讲述乌冬面原创实感,表达"怎么努力才会被人接受",传授以消费者需求为前提的商品企划经验。

另外,这项举措还有一个优点就是在实施过程中可以向地方传递知识产权信号。结果表明,通过这一活动提高了地方对知识产权的关注度和兴趣,当地有些企业也开始将自己独创开发的特产或产品名进行商标注册申请。

6. 总结

通过上述教学实践,可以深切感受到这种教学扎根于地方特色,通过与地方企业合作开发商品,不仅能够培养学生的创造力和实践力,而且还可以积极地向社会展示地方特色,宣传地方优势,为促进地方经济繁荣做出贡献。

当然,在项目实施过程中也产生了一些问题和亟待解决的课题,比如,实习项目的制定、知识产权教职员的培训、实习场所的确保等。因此,要打造出具有北海道特色的商科职高教育,尚需日复一日的努力,不断深入地琢磨和探索。

(执笔人:佐藤公敏)

参考文献

INPIT(2010)『産業財産権標準テキスト(総合編)』

INPIT(2010)『産業財産権標準テキスト(商標編)』

INPIT(2010)『産業財産権標準テキスト(特許編)』

INPIT(2010)『「産業財産権標準テキスト(総合編)」を活用した産業財産権学習のすすめ 産業財産権指導カリキュラムと指導マニュアル―教師(指導者)用指導資料―』

INPIT（2010）『「産業財産権標準テキスト（特別編）」を活用した産業財産権学習のすすめ 産業財産権指導カリキュラムと指導マニュアル—教師（指導者）用指導資料—』

INPIT（2008）「知的財産権教育の支援と普及に関する調査研究報告書」

山口大学（2007）「初等中等教育段階における知的財産教育の実践研究」

原嶋成時郎（2005）『技術者のためのやさしい知的財産入門』日刊工業新聞社

5.6 商科职高的知识产权教育实践 2
——创造型及实践型贸易教育

（对象：商科职高三年级；科目："综合实践"）

1. 序言

指宿市市立指宿商科职高（以下简称"指商高中"），为了打造体验型、实践型的贸易教育场所，在学校举办为期一天的"指商商场"活动，将整个学校设定为商场。商场活动的关键词是"促进指宿繁荣"，由学生自己企划销售自己的原创商品。三年级共约 200 名学生全部参加策划，并以班级为单位，选出每个班级最有代表性的方案投入实际商品开发。在此过程中，学生们需要学习著作权、商标权等知识，充分利用知识产权知识支撑商品企划和开发的实施过程。截至本文发表时，学生们开发的商品在南九州地区的便利店仍有销售。

2. 指商高中的知识产权教育

2009 年，指商高中报名参加 INPIT 于实施的产业财产权实验合作校项目，被指定为知识产权合作院校。该校在原有贸易教育的基础上加入"知识产权"视角，积极推进知识产权教育活动。

"指商商场"活动就是其中一项重要的教育活动，该活动以三年级全体学生为对象，核心内容是实施原创商品的企划与销售，借此机会向学校所有学生进行知识产权教育。在三年级的"综合实践"课上，从三年级学生的 200 份企划方案中选出 5 份能作为班级代表的方案，投入与企业的合作开发，在"指商商场"进行销售。

3. 指商高中的商品开发流程

(1) 商品企划

强调围绕"促进指宿繁荣"这一理念开发商品。首先，要求三年级每位同学都思考创意，将各自的创意归纳到一份工作表格中。然后，每位同学在自己班级发表创意，参加班内评比，选出能代表本班水平的方案。

(2) 班级汇报会

以班级为单位举办企划汇报会，每位同学根据自己的创意制作策划方案，并形成PPT陈述资料。在汇报会上，同学们通过互相评分，将得分高的2~3件作品作为班级的代表作品。

(3) 向企业介绍提案

举办企业提案会，向合作企业介绍选拔出来的代表方案。每个班级推选的方案都是优秀的企划方案，要求陈述者脱稿，能重点明确地将企划内容表达给企业。

(4) 商品企划决策

通过企业提案会，学生们向企业推介优秀的代表方案，企业从中选取具有可操作性的方案，投入实际商品开发。

(5) 洽谈会

7~8月，企业方将针对被选中的方案与每位学生企划人进行数次洽谈，完善创意和企划方案。例如，针对商品的形状和味道举办几轮试吃讨论会，在学生自创的包装设计的基础上探讨设计方案，等等。开始时，学生们对自己的创意和方案能够真正变为商品进行生产投放还持半信半疑态度，随着与企业不断深入探讨，实感越来越强。

(6) 校长听取意见

9月，学校针对每个已经反复探讨的商品举办确认会，由校长决定能够在"指商商场"销售的原创商品。关于商品包装，将逐一进行最终调整。

(7) 指商高中的原创商品（2010年，如图5-16所示）

① 便携式红薯盖饭吸尘器（以红薯为主题的便携式吸尘器）。

② 超美味红薯馅饼（一种点心，用香草冰淇淋夹红薯酱和抹茶酱，再用年糕沙司包裹）。

③ 红薯派（在三角形的面包皮中夹紫薯和白巧克力馅）。

④ 生茶糖（以市来农芸高中学生自制的以生茶为原料的牛奶糖）。

⑤ 依西的诱饵（"依西"是当地传说生存在池田湖底的水怪的名字，以此为主题开发的土特产零食）。

⑥ 空面（用指宿特产面粉加工的奶油意面，于2011年完成）。

便携式红薯盖饭吸尘器　　超美味红薯馅饼　　红薯派

生茶糖　　依西的诱饵　　空面

图 5-16　指商高中的原创商品

4. 商品销售

（1）指商商场

经过一系列商品开发流程，学生自制的原创商品迎来正式发售的日子。这一天，不断有商品被搬入搬出，学生们手上拿着自己开发出来的商品，脸上都洋溢着自豪的表情。他们把商品整齐地码在货架上，提前整理好促销赠品，等待指商商场隆重开业，每个人为此付出的辛苦在此时都全部化为成就感。企业方面也派出负责协助开发的工作人员来支持活动。由于商场在开业前进行了充分宣传，有些商品在上午就已经全部售罄。

（2）在便利店销售

学生们的创意商品在指商商场亮相后，他们又立即转战南九州便利店，举办"指商原创商品"限时销售活动。在发售第一天，负责开发商品的学生们来到指宿市政府旁边的便利店店铺，亲身参与销售。

5. 商品验收

（1）总结会

销售结束后，为了总结原创商品的完成情况，学校邀请企业方就每种商品进行评价。其中，有几种商品，因销售情况良好，因此延长了其销售期限；但是，也有由于卖不掉造成库存积压压力而不得不废弃的商品。听到这些介绍，不只学生们，指导教师们也深切领略到贸易的深不可测和现实的残酷性。

（2）红薯派

在甜点面包·西点类商品中排名第 2 位。

（3）超美味红薯馅饼

在冰激淋夹心饼类商品中排名第 4 位。

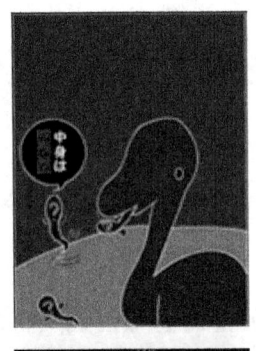

这是在实施商品化之前的原稿。

"依西的诱饵"是以参加商品制作活动为契机，由冈崎同学的创意发展而来的作品。冈崎同学因为喜欢水怪依西而想到了这个创意。产品的封面设计选用的是冈崎同学的插图；产品背面的地图则凝聚了川畑同学的心血。川畑同学带领全家人用一天时间转遍指宿市的著名观光景点，每到一处拍照留资料，最后参考这些照片手绘成地图。手绘封面的水怪依西和背面的地图，经过专业画家之手大放光彩。

给商品定名称是最难的。

不出所料，在开始就命名讨论时，"依西的诱饵"中的"诱饵"一词反响并不好。有人提议说，"诱饵"一般指喂给动物吃的东西，把它作为人类的食品让人不易接受吧？即便如此，我还是决定就用"诱饵"这个词。这样可以给人以强力的冲击，所以从一开始我就决定用这个词。在指商商场活动中，随着"蚕豆男人"等商品的畅销，"依西的诱饵"销售量也在稳固地提高。

商品开发的过程很辛苦，但是收获非常大。承蒙Familymart负责商品开发的工作人员包容我的各种任性，同时也得到任课老师、朋友的大力支持，给身边的人添了很多麻烦，非常感谢。终于将创意实现为商品，特别开心。

图 5-17 "依西的诱饵"企划者的感想

6. 总结

在商科职高学习的学生通过贸易教育活动，可以作为社会的一员开展工作，培养了职业观和敬业精神。培养学生自己构思的创造能力非常重要，未来应该思考如何进一步加快知识产权教育的步伐。在新版的《学习指导纲要》中，也明确指出开展知识产权教育，培养创造能力。

在指宿商科职高学习贸易的学生，从促进地方繁荣的角度策划新产品，通过与社会上各方各面的合作，将想法付诸实物和实际行动，在把设计转化为真正商品的过程中学习知识，获得经验。相信这种体验，将促进学生毕业后不断开发制造新商品，为繁荣地方社会经济贡献力量。

今后应该开展具有引领性的贸易教育，将促进当地产业繁荣的内容纳入教学，积极与地方企业合作，充分利用当地的活教材，让学生将所学再返还给地方。

（执笔人：安藤新）

参考文献

INPIT（2010）『産業財産権標準テキスト（総合編）』

INPIT（2010）『産業財産権標準テキスト（商標編）』

INPIT（2010）『「産業財産権標準テキスト（総合編）」を活用した産業財産権学習のすすめ産業財産権指導カリキュラムと指導マニュアル』

INPIT（2010）『「産業財産権標準テキスト（特許編）」を活用した産業財産権学習のすすめ産業財産権指導カリキュラムと指導マニュアル』

INPIT（2010）『「産業財産権標準テキスト（特別編）」を活用した産業財産権学習のすすめ産業財産権指導カリキュラムと指導マニュアル』

INPIT（2010）「知的財産権教育の支援と普及に関する調査研究報告書」

5.7 农科职高的知识产权教育实践 1
——通过商品开发实践培养创业意识和知识产权意识

（对象：农科职高一年级至三年级；科目："食品制造"；时间：70小时

对象：农科职高一年级至三年级；科目："食品流通"；时间：70小时

对象：农科职高一年级至三年级；科目："综合实习"；时间：140～210小时

对象：农科职高二年级至三年级；科目："课题研究"；时间：70小时）

1. 概要

岐阜县立大垣养老高中的知识产权教育围绕食品科学科目开展，有以下 3 个特色：①全体学生的必修课，学习知识产权的必要性及概要；②在研究活动中通过设置模拟企业的环节，实践性地运用学习到的知识产权知识；③通过与地方相关单位或企业合作开发商品，学习产业实际涉及的知识产权知识。通过以上教学，让学生在掌握专业领域知识与技术的基础上，学会运用知识产权，也就是在进一步加强专业知识与技巧的同时，大幅提高知识产权的运用能力。希望学生们能够学以致用，在专业性极高的产业界大展身手，提高日本产业的国际竞争力。

2. 知识产权教育举措

大垣养老高中于 2005 年由大垣农科职高和养老女子商科职高合并而

成,设有农业系和综合系。农业系有生产科学、食品科学和环境园艺 3 个科目;综合系有贸易、会计、信息、生活福祉和大地物产 5 个系列的科目。现代农业系的前身在 1971 年曾被文部科学省指定为"农业经营者培养高中"(最初是"农业自营者培养高中"),致力于农业继承者的培养。校园(图 5 - 18)占地面积较大,总面积达 19 公顷,有广阔的学校农场和名为"伊吹寮"的寄宿宿舍。作为一所培养农业经营者的高中,该校的专业教育非常充实,教学科目均由上述固定学科不断发展而来。为了培养新一代适应社会的产业继承人,学校认识到在专业学习中推进知识产权教育的重要性,因此引入了知识产权教育。

图 5 - 18 大垣养老高中的教学楼一角

3. 知识产权教育的目标与学习内容

大垣养老高中实施的知识产权教育,由"创造与创意学习""知识产权概要学习""运用知识产权开发商品"三个部分组成。将知识产权运用到实际产业中时,上述三个元素缺一不可,忽视任何一个元素知识产权都无法发挥功能。因此,该校在实施知识产权教育时,注重从这一观点出发进行体系化的指导,让学生认真领会三个要素的同时,锻炼他们的实际运用能力(图 5 - 19)。

在食品学科目开展知识产权教育

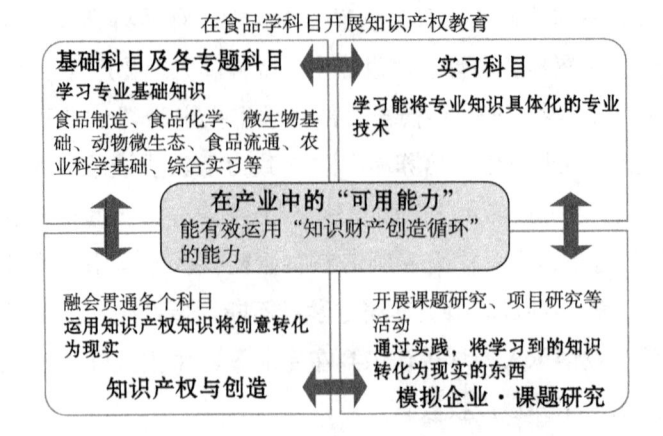

```
┌─────────────────────────┐      ┌─────────────────────────┐
│ 基础科目及各专题科目    │◄────►│ 实习科目                │
│ 学习专业基础知识        │      │ 学习能将专业知识具体化的│
│ 食品制造、食品化学、微  │      │ 专业技术                │
│ 生物基础、动物微生态、  │      │                         │
│ 食品流通、农业科学基础、│      │                         │
│ 综合实习等              │      │                         │
└─────────────────────────┘      └─────────────────────────┘
           ▲        ┌──────────────────────────┐        ▲
           │        │ 在产业中的"可用能力"     │        │
           │◄──────►│ 能有效运用"知识财产创造  │◄──────►│
           ▼        │ 循环"的能力              │        ▼
                    └──────────────────────────┘
┌─────────────────────────┐      ┌─────────────────────────┐
│ 融会贯通各个科目        │      │ 开展课题研究、项目研究等│
│ 运用知识产权知识将创意  │◄────►│ 活动                    │
│ 转化为现实              │      │ 通过实践,将学习到的知识 │
│                         │      │ 转化为现实的东西        │
│ 知识产权与创造          │      │ 模拟企业·课题研究       │
└─────────────────────────┘      └─────────────────────────┘
```

图 5-19 知识产权学习与专业科目的联系

(1) 创造与创意学习

致力于培养学生积极发挥创意、善于归纳思考的能力,并在与知识产权内容不直接相关的场景(科目)也加以运用。例如,在"食品制造"科目中,向学生抛出诸如"加工食品给人的印象是什么""食品为何有包装"等的问题,同学们通过头脑风暴,每个人都尽力表述自己持有的观点和印象(图 5-20)。然后,同

图 5-20 "食品制造"

学们运用亲和图法或思维导图法,将每个人的想法或意见汇总起来。在这个教学过程中,首先,作为一个学习集体,建立"不否定任何一个构思,让学生尽情发挥的氛围",让学生感受到"创意构思是件快乐的事"而士气高昂。然后,将创意构思与"总结学习内容"或"不断充实教学内容、解决课题"相关联。另外,除了一些常规基础内容的教学,还举办知识产权论坛,从校外聘请老师讲座。通过知识产权论坛,在商品开发的教学内容中加入运用知识产权工具的演习,加深创造与创意的学习。

(2) 知识产权概要学习

大垣养老高中以商标为核心进行知识产权概要教学。在知识产权概要教学中，以"食品流通"科目为主，在此科目原有内容的基础上，加入知识产权相关内容，从而推动知识产权教育。具体来讲，除了加入知识产权制度及其运用等的基础内容外，还追加了知识产权的必要性及意义等内容。例如，在"食品流通的机制"单元中加入思考如何运用商标知识在超市和便利店进行食品销售，在"食品市场运营"单元关于营销组合的4P（product、price、place、promotion）内容中加入运用知识产权的案例等，学习在实际生活中知识产权的运用及其必要性（表5-6）。在开展上述教学内容时，除了教科书，还使用各种产业财产标准教材、制作原创PPT教案，效果良好（图5-21）。这种PPT教案让学生对知识产权产生实感，并且与后面将介绍的实践教学相关，可以一边展示在产业界实际运用的知识产权实例，一边向学生讲解知识产权知识。该校还配合教学内容独立开发了PPT教材，并计划逐步充实下去。

表5-6 在专业科目中引进知识产权教学的案例

科目名	单元	与知识产权相关的教学内容
食品制造	食品包装	运用专利知识的包装技术 运用商标知识的包装设计
	食品的变质与储藏	关于食品的制造技术与品质维护技术的专利发明
食品流通	知识产权概要	知识产权的必要性、知识产权制度的概要
	食品流通的机制	在食品销售战略中如何运用商标与企业形象（CI）知识
	食品市场运营	在营销组合中如何运用知识产权知识

图5-21 用于知识产权教学的PPT教材实例

(3) 运用知识产权知识进行商品开发的实践活动

利用"课题研究"科目为知识产权运用教学及专科教学提供实践或研究的机会。通过研究活动，将"运用知识产权知识开发商品"这项教学实践活动落地，既可以锻炼学生的知识产权运用能力，也可以培养发现课题、解决课题及创造创意的能力。在微生物小组，学生自己建立模拟企业 Bicom，开始致力于商品开发。"Bicom"这个公司名由"Bio""Control""Communication"这三个关键词组合而成，要表达的企业理念是：通过对微生物力的掌控，开发具有地域特色的产品，向地方输出这些信息。利用地域资源，挑战天然酵母面包的开发，着重研究制造方法；组织学生与地方或企业合作，提出新的特产加工品的方案，并亲自动手将提案转化成实际商品。在上述一些营业活动中，必须运用知识产权知识。在建立模拟企业之初，学生首先就研究什么课题、研究活动所要实现的目标等进行探讨（图5-22）。在这一过程中，研究小组通过瞄准的目标和原则等因素考量公司名称的设计，这可以培养学生根据自己的想象力设立模拟企业、运用知识产权的意识。在这个教学场景中，学生们运用"创造与创意学习"的收获，从更广阔的视野酝酿创意设计。

图 5-22 企业模拟活动上的营业战略会议

该教学实践的要点在于，它不仅停留在对原料的生产、生产物的食品加工、加工品的分析、微生物在食品中的利用等知识的学习，而且从制造食品的商品开发环节到流通销售、品牌化、创业的所有环节，都让学生亲身参与，将所学习到的知识与技术运用到具体实际中。在这个实践过程中，知识产权的运用成为重中之重，它不仅有助于研究成果在产业界的实际转化应用，而且能大大提高学生们钻研的积极性，成为影响教学成果的关键要素。该专业的学生从给公司命名开始到进行团队设计、技术开发，一直到商品化的整个流程中，非常自然地运用知识产权知识，进而努力研究专利战略知识。

在"课题研究"这个科目中，指导员（教职员）以经营顾问的角色参与其中，应时刻注意让学生始终作为企划创意的主体，只给学生们相应的提示，在难点的解决上给出一些建议，推进模拟企业的研究正常运行。这样可以让学生自己领会知识产权知识，在不知不觉中提高知识产权的运用能力。

4. 知识产权教育的实践案例及效果

（1）Bicom 公司的营业活动

在模拟企业 Bicom 公司，将"制造产品的知识与技术"与"创意产出"相结合，按照自己的规划开展实际的创业与经营活动。Bicom 公司研发的主题是利用地方特产桔子开发天然酵母面包，通过改良制作方法、制订销售战略、将研发产品商品化等环节，促进学生在市场营销实践中活用知识产权知识（图 5-23）。学生通过对 Bicom 公司的经营，有效地将自己

图 5-23 在 Bicom 的商品开发研究

学习到的多领域的知识有机地结合在一起。学生把肉眼很难看到的无形的知识财产变为"有形"产品，通过自己创立的企业孵化出产品，积极主动性高涨，进一步激发了创造的动力，投入商品的实际开发实践。另外，这项实践活动的场所不只局限于校内，正在逐步拓展，发展成为与地方、企业、其他高中联合开发商品的模式。

（2）与地方、企业及其他高中合作开发商品

在 Bicom 公司经营过程中，为了让学生把所学的东西落地，尽量让学生走向校外，走上实际的产业一线开展实践活动。结果表明，与地方或企业合作一起开发商品的方案顺利实现，学生的创意和想法也可以为地方产业界所用。主要的教学实践案例介绍如下。

① 合作开发高速路服务区商品

在大垣养老高中附近有一条高速公路通过，校方针对这条高速路的服务区组织开展实际商品开发和销售活动。组织该校学生与其他邻近县的农科职高学生合作，一起学习知识产权知识，设立共同项目，开发商品。同学们去服务区做市场调研，互通学习到的知识产权知识和食品制造技术。另外，学校还委托在高速服务区内进行销售经营的企业对学生进行专门指导。这一教学活动为学生提供了了解高速路服务区市场的机会，也为学生提供了学习商品开发经验和技巧的活生生的教材。

② 合作开发便利店商品

与企业合作，开发原创面包并进行商品化，投放于便利店。由学生向企业提出有价值的新型创意面包的方案（图 5-24）。在将提案商品化的过程中，学习企业在实际生产中的制造方法和技巧。同时，运用开发、商标等销售战略知识，一边了解产业界对知识产权运用的状况，一边推进学习进程。学生在把原创面包进行商品化时，遭遇到一些难点，比如在生产时有些原料无法使用、有些关键词不能用于商品命名等情况。因此，同学们必须重新思考制造方法，解决原料问题，或者利用专利电子图书馆检索商标，重新确定商品名称等，因此在开发商品的实践过程中自然而然地利用了"酝酿新颖的创意想法并将它有形化""权利侵权及保护"等知识产权知识。

图 5-24 企业模拟活动上的营业战略会议

5. 实践建议

综上所述，同学们通过系统化的学习和实践，自然而然地培养了运用知识产权知识的意识和能力。根据教学结果显示，学习知识产权的学生的自我评价意识和知识产权意识都比较高，并且相关的升学就业率和保送率也有所提高。特别是曾积极参与模拟企业活动的毕业生，在相关职业生涯中都取得很大成就。一方面，我们不仅通过这一教学实践感受到知识产权教育的效果，再次认识到知识产权教育的重要性；另一方面，也感受到在走出校门与其他学校、地方、企业等合作开展教学活动前，需要付出巨大的精力和努力与合作方沟通协调，才能达成合作意向。因此，建议在开展此类教学活动时，首先需要确定与校外方合作的条件是否具备，每个学校再根据实际情况制订学习计划。

希望本节所介绍的知识产权教育案例可以为读者提供有益参考，期待可以将这种实践性的"活教材"模式向日本全国推广，逐步形成稳定的状态。

（执笔人：中野辉良）

参考文献

INPIT（2010）『産業財産権標準テキスト（総合編）』

INPIT（2010）『産業財産権標準テキスト（商標編）』

INPIT（2010）『産業財産権指導カリキュラムと指導マニュアル』

山口大学（2008）『知財教育教本』……山口大学知財本部（2004）『大学と研究機関のための知財教本』EMEパブリッシング

5.8 农科职高的知识产权教育实践 2 ——专利授权及知识产权运用案例

（对象：农科职高；科目："特别活动"）

1. 概要

长崎县县立岛原农科职高从 2004 年开始引进知识产权教育并开展实践，成果显著。目前，该校获取专利权 1 件、商标权 2 件、实用新型权 1 件、外观设计权 1 件，并得到地方产业的转化运用，比如于 2006 年获得专利权的"堆肥恶臭的回收再利用方法"。另外，学校还在全校的"综合实践"课上开展知识产权教育，普通科学生都可以在日常的授课中汲取知识财产的知识。下面将介绍长崎县县立岛原农科职高通过八年时间积累的教学经验和知识产权教学举措。

2. 地区及学校简介

（1）岛原半岛地区简介

岛原农科职高坐落于岛原半岛地区，农业盛行，农户数量达 8224 户，占据整个长崎县农户总数的 1/4，农业生产额达 558 亿日元（约合 3900 万元人民币），担负着长崎县总体农业产出的 41.2%。首先，学校通过"钻石框架机制"（包括企业战略及竞争环境、要素条件、需求条件、关联支持产业等要素）对岛原半岛地区的农业环境进行分析，结果如图 5-25 显示。学校根据当地农业实态开设专门教育。

熊本县的农业及激烈的竞争
=
改造升级的源泉

企业战略及竞争环境

虽然农业用地和运输条件处于劣势，但是具备年轻的农业从业者和独具匠心的技术

要素(投入资源)条件 ↔ 需求条件

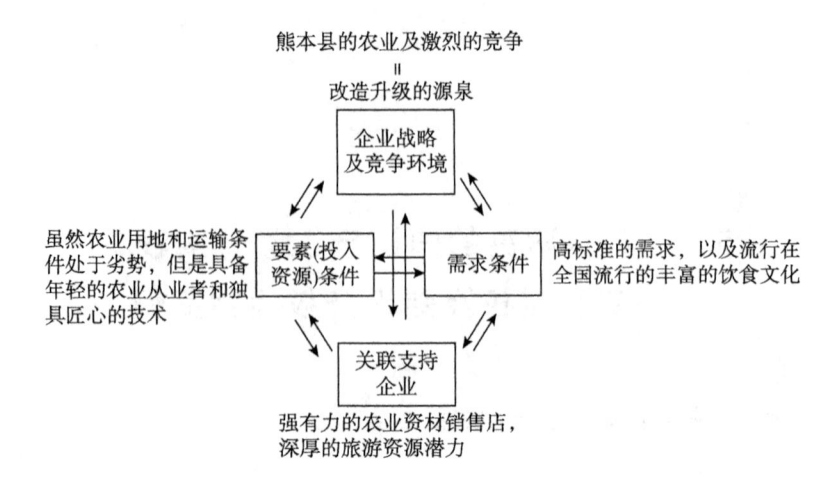

高标准的需求，以及流行在全国流行的丰富的饮食文化

关联支持企业

强有力的农业资材销售店，深厚的旅游资源潜力

图 5-25 企业战略及竞争环境

① 企业战略及竞争环境

在岛原半岛地区，不仅农户数量达到全县总数的 1/4，农业产出额也达到全县总量的 41.2%，生产能力几乎是县内其他地区的 2 倍，具备很强的竞争力。岛原半岛与熊本县之间隔着有明海峡，在农业、耕作名目和市场方面都有重合，形成激烈竞争的态势。为适应这种局面，保持正确的投资和持续产业升级非常必要。因此，如果在农业教育方面注意开拓视野，树立农业国际化意识，未来立足九州放眼亚洲，将收获非常好的教育效果。

② 要素（投入资源）条件

从投入资源量与成本的角度分析，在自然资源方面，该地区的农地以夹在山中间的土地为主，平原匮乏，生产条件恶劣。但从人力资源角度分析，该地区的产业类别不多，因此 30~40 岁的从事农业的人口比其他地区多。换句话讲，虽然本区域的农地与运输条件处于劣势，但通过年轻农业从业者的数量和熟练的工匠技术可以克服弱势。因此，建议在教学中让学生意识到上述情况，将劣势转化为优势，达到教学目的。

③ 需求条件

由于该地区新鲜高质的农产品丰富，农作物数量众多，所以当地消费者对农产品标准的要求也很高。加之，历史上由于"岛原之乱"造成的原

住民流失，现在的岛民由来自全国各地的移民构成，他们带来了多种多样的饮食方式，孕育出丰富的饮食文化。高标准的食材要求和独特的饮食文化正是生产地方特产的动力源泉。建议基于以上认识开展商品开发的实践型教育，将收获很好的教育效果。

④ 关联支持产业

在当地，销售农业资源材料的商店经常与品牌商合作，植入很多新品种和新技术。另外，利用当地国立云仙公园和温泉等资源开发的旅游观光业等周边产业曾经也非常具有竞争力，现在则出现衰退趋势。关联支持产业的存在也应该成为农业教育的内容之一。

(2) **学校简介**

岛原农科职高将培养农业自营者作为第一教育目标，为培养出富有创业家精神的农业继承者而开展专门教育。该校于2013年迎来建校60周年庆，共培养10400余名毕业生，向社会各产业输送了众多有责任感的人才。毕业于培养自营者的农科学和园艺科学2门学科的学生，农业就业率在全国居首位，加上毕业后升学或研修2~4年后再返回农业行业就业的情况，两门学科的毕业生约四成从事农业。根据文部科学省对全国农科职高就职类别状况的统计可知，2006年3月全国毕业生中的农业就业率为4.1%，同条件下岛原农科职高的农业就业率则为9.8%。如果将自营者培养学科作为分母的话，就业率则高达25.3%，是其他学校的6倍多。能取得这样的成果归功于该校教育谋求与县内农林行政机关或当地农业从业者、保护者的合作，推进适应时代需要的农业专门教育内容，其中就包括知识产权教育的推进。

3. 知识产权教育的构成及目标

岛原农科职高的知识产权教育目标及构成，随着教学实践的不断深入，每年均有相应的变化。

首先，关于教学目标。最初，该校将教学目标设定为深入学习项目知识，为获取专利权奠定了基础。这种以获取知识财产权为目的的知识产权教育逐步深入，教学手段不断得以开发，能一边让学生认识到制度学习的重要性，一边培养学生的创造性，体验型教学的内容逐步得到充实，成为推动学生发挥创造力的源泉。现在，该校明确提出"发挥想象力，培养在产业社会的生存能力"这一目标，并密切配合这一目标积极探索知识产权教育方法。

其次，关于知识产权教育的构成。如图 5-26 所示，学校最初仅针对参加社团活动的部分学生提供课外指导，后来将知识产权内容与课堂、学校活动有机结合，不断发展成为以所有学生为对象的教学活动。在课堂上开设了"农业经营""课题研究""农业贸易（学校固定科目）"等科目，还在各个专业科目，如"蔬菜""果树""畜产"等科目中加入了相关内容。另外，学校还组织举办知识产权教育讲座、校内创意竞赛活动。

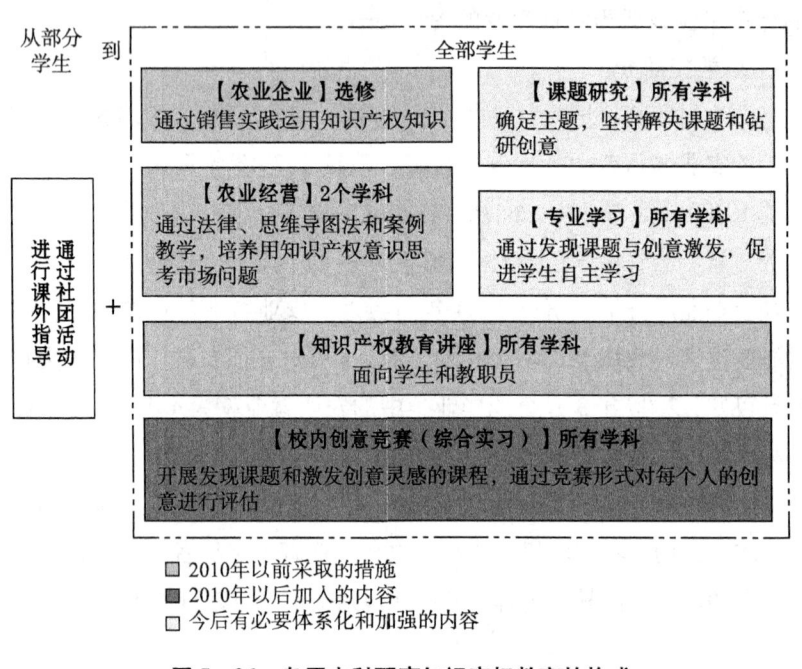

从部分学生	到	全部学生
通过社团活动进行课外指导	+	【农业企业】选修 通过销售实践运用知识产权知识　　【课题研究】所有学科 确定主题，坚持解决课题和钻研创意 【农业经营】2个学科 通过法律、思维导图法和案例教学，培养用知识产权意识思考市场问题　　【专业学习】所有学科 通过发现课题与创意激发，促进学生自主学习 【知识产权教育讲座】所有学科 面向学生和教职员 【校内创意竞赛（综合实习）】所有学科 开展发现课题和激发创意灵感的课程，通过竞赛形式对每个人的创意进行评估

☐ 2010年以前采取的措施
■ 2010年以后加入的内容
☐ 今后有必要体系化和加强的内容

图 5-26　岛原农科职高知识产权教育的构成

4. 实践内容：社团活动案例（拔高型）

下面就社团活动中的几个具体案例进行介绍。

【案例1】这是首次获得知识财产权权利的案例，即 2006 年蔬菜部的学生发明的"堆肥恶臭的回收再利用装置"（专利第 3831800 号，如图 5-27 所示）。在这个案例中，社团聘请专利代理师为讲师就专利进行授课，由学生自己撰写说明书，提交专利申请。这个装置现在仍安放在学校农场，发挥着环境友好型农业教育的"活教材"作用。从专利价值方面讲，这个装置的价值不在于装置本身，而在于对水耕栽培的废弃培养液进行处理、有效利用其残存肥料的技术思想。学生想充分利用产业废弃物这一朴素的思想通过专利获权得到认可。

【案例2】紧接上述案例出现的是"温泉西红柿"（2006年开始一直持续研究，如图5-28所示），即将蔬菜开发为特产的研究发明。学生的创意被制作成商品，并在当地产业界实现了技术转移，还将"可食温泉"注册了商标（商标第5443800号）。

图5-27 获取发明专利权的堆肥恶臭处理装置

图5-28 温泉西红柿

【案例3】该校学生从2008年开始，与工科职高及县研究机构合作，利用彼此的专业知识对轻油替代燃料进行了为期三年的研究。学生通过反复试验制造，对实验过程中的难点和发现进行梳理，向县研究机构提出了超过80件的改善方案。最后，该县云仙市某制造装置引入了其中的4项方案，高中生的创意受到了业界专家的好评。此外，其他工科职高的学生与该校学生联名注册了轻油替代燃料的商标"自然油滴"（商标第5331950号），从2012年起在当地企业机构得到应用。

5. 实践成果

（1）推广点1：模型化

在岛原农科职高举办的各种各样的学生研究活动中，应注重从哪些方面拓展学生的开发能力？图 5-29 就此问题做了整理，横轴表示从学校到地方，纵轴表示从专业到业余。从左下角开始，按顺时针方向，各平面区域依次表示专业教育能力、学生的创造能力、地方创造能力、地方产业能力方面的研究成果。从此图显示的该校学生丰富的研究成果可以看出，除了学校的专业教育能力、学生自身的创造能力以外，岛原半岛的产业特征、区域特征和文化特征等多种要素都可以成为创造来源。学生学习的领域不应该只局限在校内，我们应该为他们提供更广阔的研究天地。

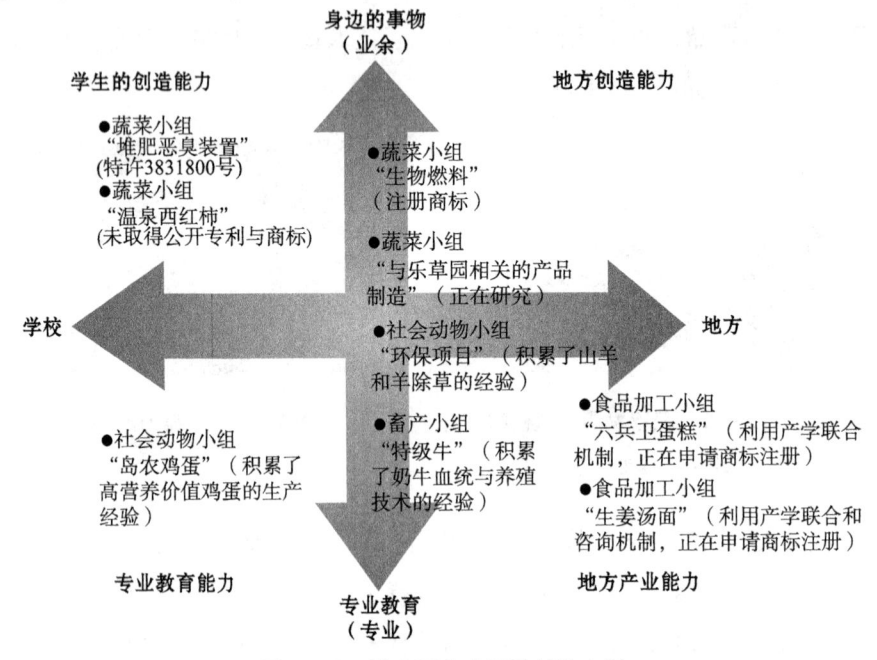

图 5-29 学生研究成果及创造来源

进而，我们重新认识到上面提到的四种能力是教育能力的根基，通过教育活动的不断推进，可以期待取得如图 5-30 所示的教育成果。

在产业实践一线，我们看到一个公司不只由制造物品一个环节构成，而是由采购、生产、流通、市场和售后等一系列活动构成产业链。尤其近年来各相

图 5-30 学生学习的领域

关企业打破壁垒，形成联手创造新价值的"开放型创新"将是大势所趋。岛原农科职高教育正是将上述四种能力有机结合，并加以充分利用。换言之，努力谋求农业教育领域的开放型创新。

(2) 推广点2：**指导要点与教材**

通过上述实践积累的知识产权教育指导要点如表5-7所示。重新评估这些要点发现，农业教育素来重视的项目指导与知识产权教育要点正好契合，农业教育的价值也得以重新认识。

表5-7 知识产权教育指导要点及要掌握的能力

指导要点 \ 要掌握的能力（评价角度）	知识与技能	思考与判断	表达（包含语言活动）
①让学生在实习中自主（反复）体验	○		
②让学生透过现象认识到背后的科学原理	○	○	
③发现课题		○	
④在集体内共享发现和课题		○	○
⑤思考解决方案，开展试制（研究）	○	○	
⑥利用专利电子图书馆等信息通信技术进行检索	○		○
⑦整理成文章进行发表			○

▼

研究成果有益于地方产业发展 ▶ 自信·热爱家乡 ▶ 课题解决能力（创造能力·实践能力）

上述知识产权教育属于拔高型的教育，以社团活动中专业性较高的研究活动为核心，以部分学生为对象。从2005年开始，通过这一教学实践总结出来的指导方法被逐步引入专业科目的课堂及学校活动中，面向全校学生进行自下而上的推进。例如，在校内创意竞赛、知识产权教育讲座、在"农业经营"及"农业贸易"科目等的活动，或在课堂上实施相关内容。

关于校内创意竞赛，按照图5-31所示的方案实施。将这一活动嵌入"综合实习"科目中，总时长2小时，布置给若干科目的教师分头指导。竞赛要求全校学生参加，教师要在活动开始前召集教学方法研讨会。教师利用头脑风暴（通过创意工具激发创造性）、制作纸塔（通过制作体验促进思考）、知识产权教育讲座（支持知识产权专业人才培养）等手段，如

表 5-7 所示，有效地完成指导要点。

举办校内创意竞赛之前的流程
①针对综合实习课的任课教师，举办教学方法研讨会，内容如下：组织教职员从学生角度体验激发灵感的方法（头脑风暴法和亲和图法）；并组织教职员亲手搭建纸塔，提前体验学生创作的快乐。
②在综合实习课时间内，分班实施①中提到的激发灵感的方法。例如：搭建纸塔（10分钟），寻找课题（20分钟）。
③体验了激发灵感的方法以后，举办以"发明方法"为主题的知识产权教育讲座，倾听学生的发言。通过现有技术的组合或物件的改良，感受发明的快乐，为创造性打下基础。
④举办创意竞赛。通过留作业的形式，让学生撰写解决课题报告。

组织教职员体验头脑风暴等方法，感受知识产权教育的乐趣与意义。

①任课教师教学研讨会
②通过搭建纸塔激发学生的灵感和创意
④学生撰写的课题解决报告

图 5-31 第一次校内创意竞赛举办方案

在此教学实践中，2011 年园艺科学科三年级学生岩永、神田设计发明了有刻度多功能胶卷（图 5-32），在 2011 年外观设计专利竞赛中获奖，这是岛原农科职高在全国农科职高比赛中首次获奖，现在已经获得实用新型权和外观设计权，正在与品牌商沟通商品开发事宜。这一案例有力地证明了非专业领域的学生在接受农业专业知识教育的基础上，参加研究活动，再接受上述知识产权教育之后，也可以激发知识产权创造潜力，为产业发展做出贡献。

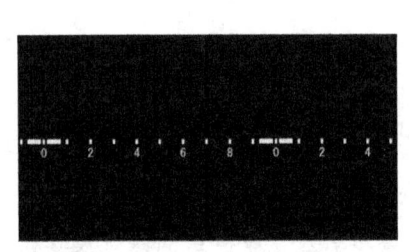

图 5-32 有刻度多功能胶卷（实用新型第 3169776 号）

上述教学成果也为学生的升学就业加分，它不仅为较高的农业就业率提供了有效保障，还改变了升学就业的内容。比如，获得堆肥专利的学生在大学毕业后，作为农业风投企业的中坚技术人员，开启了农业生产之路，他开发的日本品牌远销至印度；研究"温泉西红柿"的学生，于 2012 年创立了以"温泉西红柿"为主要商品的农业公司；研究轻油替代燃料的学生，从本校毕业后进入非农业系的国立大学，创立了风险企业部，在其中大显身手。

6. 实践建议

岛原农科职高的知识产权教育能够不断深入的原动力是不断反思"我们的知识产权教育真正做到了知识产权教育吗？"，也就是在不断提出诸如"这是教育应该有的样子吗？""学生与知识产权应该产生什么样的关联？""目前的教育切实地考虑到学生和产业的发展了吗？"这样的问题并进行解答，同时广泛借鉴其他学校的教育实践活动并持续推进。笔者认为，类似于"这就是知识产权教育"的自满完全不能称之为知识产权教育。在岛原农科职高的知识产权教学实践开创之初，我们并没有想象到它会发展成现在的样子，期待有识之士今后继续一起深入探讨和实践。

（执笔人：陈内秀树）

参考文献

INPIT（2010）『産業財産権標準テキスト（総合編）』

山口大学（2007）「初等中等教育段階における知的財産教育の実践研究」

第 *6* 章
高专及大学的实践案例

6.1 高专知识产权教育中的 PBL 教学法

（对象：高专专科一年级；科目："特别演习及实验"；时间：1 年 30 周，每周 180 分钟）

1. 概要

为了使"创造""保护""运用"这一知识产权创造循环保持良性运转，对学生进行必备知识、技能与态度的培养，在高专专科阶段（相当于大学三、四年级），运用 PBL（Problem - Based Learning，解决课题型教学）方法，通过实物制造的形式解决地方产业中存在的问题。下面就这一教学实践进行介绍①。

2. 教学宗旨

高专阶段的知识产权教育目标是培养"创造型技术者"，同时"创造

---

① 本节以 2008 年日本知识产权协会第 6 次学术研究发表会上笔者对实践活动的介绍为基础，根据一直以来开展的活动重新进行撰写而成。

型技术者"又是知识产权事业发展不可或缺的一部分。因此，富山高专的知识产权教育围绕知识产权意识的培养，注重与知识产权相关的态度、知识与技能的教育，为促进知识产权创造循环保持良性运转输送技术人才。

富山高专在 PBL 教学过程中①②，引导学生选取校外企业所面临的问题，提炼问题点，然后给出解决问题的方法，最终用实物制造解决问题。这一过程正好与知识产权创造运用的过程相吻合。因此，将 PBL 教学法应用于知识产权教育时，在某种程度上是可以预知教学效果的；但通过 PBL 教学法不能直接完成知识产权制度有关知识的教学任务。为了完善教学体系，本章所介绍的举措，是在课程中嵌入知识产权制度及专利知识的授课时间，追加了对知识产权教育要素的学习。在内容上使用《产业财产权标准教材》，就知识财产及其权利进行共计 180 分钟的授课。之后，各小组就提出的解决问题方案与知识产权的关联，利用专利电子图书馆检索相关资料。以检索结果为基础，进入产品制造环节，用技术的手段支持教学活动。

3. 教学目标

有知识产权自觉的创造性	• 运用知识产权知识将形形色色的创意具体化 • 根据格式要求将想到的创意准确地表达出来 • 能够运用知识产权知识，开展与社会关联的创造性活动
知识产权有关知识及理解	• 能够运用知识产权专业知识 • 能够运用产业财产权的专业知识
尊重知识产权的态度	• 具备尊重和保护知识产权的高尚价值观，并可以向别人普及说明 • 在创造性活动中尊重和保护知识产权，能够进行合理的判断和处理

---

① 本江哲行、冈根正树、伊藤通子等 7 名（2008 年）《日本知识产权协会年度学术研究发表会议要旨集》第 6 卷，《富山高专型应用 PBL 的知识产权教育》，第 118 – 121 页。
② 伊藤通子、本江哲行、丁子哲治（2008 年）《高专教育》第 31 号《向高专教育导入 PBL 的可能性与课题》，第 283 – 288 页。

4. PBL 教学法中学生应掌握的能力与知识产权教育目标的关系（表 6-1）

表 6-1　通过 PBL 教学法学生应掌握的能力与知识产权教育目标的关系

类别	知识产权教育目标	PBL 教育的能力评估项目	实施讲义	关联性
技能	沟通能力	团队合作能力，包括表达方法、讨论和分工等		○
	陈述能力	表达方法、答疑能力		○
	团队合作能力	团队合作能力，包括讨论与任务分工等		◎
	专利电子图书馆的使用方法		△	
	信息检索与调查能力	背景及状况的把握，问题的提炼与明确，检索，信息的收集与利用		△
	智慧、信息与经验的综合能力	背景及状况的把握，问题的提炼与明确，检索，信息的收集与利用，效果的科学验证		○
态度	技术者伦理	背景及状况的把握、实用性、态度		△
	对知识产权的关注	背景及状况的把握、态度		△
	对独创性的尊重	问题的提炼与明确、创意创想及独创性、态度		◎
	无形资产价值	态度		△
	未来志向	态度、对学习的自我评估能力		○
	公民素养	背景及状况的把握、态度		○
知识	何谓知识产权		△	
	制度背景与概要		△	
	知识产权的重要性		△	
	世界及日本的举措		△	
	知识产权与产业发展的历史	背景及状况的把握、问题的提炼与明确、检索、信息的收集与利用		△

5. 教材及工具

（1）教材：INPIT 发行的《产业财产权标准教材》综合篇、专利篇。
（2）检索工具：专利电子图书馆。

6. 教学实践

学习活动	需要达到的能力及评估	时间（180分钟）
□ 作为社会人的基本能力 • 就社会人必备能力进行概要介绍 □ 会议方法的实操、达成一致意见的实操、制订计划的方法 • 学习基础事项，学习实施计划的方法 □ 团队的任务分工、事务所的决定 • 决定团队的任务分工	□ 掌握在知识产权教育中培养的技能，包括沟通能力、陈述能力、团队合作能力，并能够付诸执行	3 课时
□ 事务所的访问与调研 • 调研事务所所面临的问题 □ 提炼问题点的方法 • 决定各小组亟待研究的课题。就选择的课题与指导教师交换意见，在这个过程中整理需要解决的问题 □ 问题点的明确、项目方案及企划书的制作 • 学习提炼问题的方法 • 经过 5~6 次推敲，提出解决问题的技术方案。在学习过程中与指导教师交换意见，对动态信息进行必要的追踪调研 □ 修改企划书 • 提交解决课题的企划书，与指导教师交换意见，整理并完善企划书。将企划书提交给作为调研对象的企业，与企业方面就该企划是否满足需求进行探讨 □ 中期汇报 • 每个小组就问题点及解决方法发表陈述	□ 掌握在知识产权教育中培养的沟通能力、陈述能力、团队合作能力，以及信息检索调查能力，综合智慧、信息与经验的能力，并能够付诸执行 □ 养成知识产权教育培养的态度，包括技术者价值观的态度、对知识产权的关注、对创造性的尊重、无形资产的价值、未来志向、公民素质，并付诸实践 □ 包括自我评价、对指导者的评价、学生互相评价、企业参与人员的评价	4 课时

续表

学习活动	需要达到的能力及评估	时间（180分钟）
□ 制作设计草图 ● 根据方法提案进行设计制作 □ 制作模型与发表 ● 制作模型，举办模型发表会 □ 听取意见、制作试验品 ● 举办意见听取会，听取每个小组的改良方向和计划 □ 试验品的制作 □ 试验品发表会 ● 举办陈述会，每个小组就试验品进行陈述 □ 实操评价会的小组分析 ● 在试验品发表会上，小组成员就评价项目进行分析 □ 决定项目方向、制订实施计划 ● 根据上次分析决定方向与计划	□ 以知识产权知识为基础，将形形色色的创意具体化 □ 根据格式要求将想到的创意确切地表达出来 □ 能够运用知识产权知识，开展与社会相关的创造性活动	8课时
□ 知识产权教育 ● 与各小组装置相关的知识产权检索	□ 能够运用知识产权专业知识 □ 能够运用产业财产权的专业知识	2课时
□ 装置性能评估实验 ● 首先检验装置的工学性能 ● 评估性能是否适应需求 ● 评估实验方法的精度和再现性 □ 重新设置装置 ● 提出解决课题与问题的技术方案。在学习过程中与指导教师交换意见，进而就发展中的信息进行必要的追踪调研 □ 装置的改良、再评价实验 ● 进行装置的改良与性能再评价实验 □ 最终汇报的评价与调查问卷 ● 就提出的方法提案进行最终陈述，并提交报告，公开此次陈述	□ 具备尊重和保护知识产权的高尚价值观，并可以向其他人普及说明 □ 在创造性活动中尊重和保护知识产权，能够进行合理判断和处理	10课时

续表

学习活动	需要达到的能力及评估	时间（180分钟）
□ 回顾评价、听取意见 • 举行最终的自我评价和意见听取	□ 自我评价、指导者评价、学生互相评价、企业参与人员的评价。评价项目包括背景及状况的把握、问题的提炼与明确、检索、信息的收集与利用、基于理论的设计、高专学生应有的技术水准、效果的科学检证、创意创想与独创性、实用性、态度、表达方法、答疑能力、讨论及任务分工等的团队合作能力、对学习的自我评估能力	2课时

7. 富山高专的知识产权教育项目

如图6-1所示，以学习目标为导向，重新定义传统的课堂讲课型教学和学生体验型教学，着力培养学生的知识产权意识、态度与技能，设置一系列专门教育课程（表6-2）。进而培养能促进知识产权"创造""保护"和"运用"良性循环的技术人才，具体实施的课程如表6-3所示。

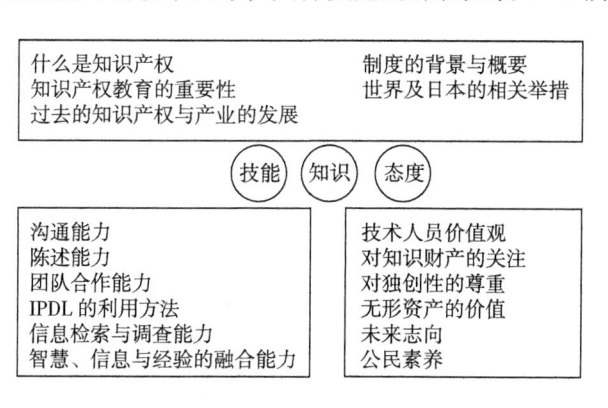

什么是知识产权　　　　　　　制度的背景与概要
知识产权教育的重要性　　　　世界及日本的相关举措
过去的知识产权与产业的发展

（技能）　（知识）　（态度）

沟通能力　　　　　　　　　　技术人员价值观
陈述能力　　　　　　　　　　对知识财产的关注
团队合作能力　　　　　　　　对独创性的尊重
IPDL的利用方法　　　　　　　无形资产的价值
信息检索与调查能力　　　　　未来志向
智慧、信息与经验的融合能力　公民素养

图6-1　富山高专的知识产权教育目标

表6-2 新旧教学方法比较

项目		传统教育课程	培养知识产权意识的体验型教育课程
目的		知识的获得、积累、实操、技能习得	知识产权创造、保护与运用的模拟体验；知识、态度、技能
方法	主题及教材的实验方法	被动灌输	主题是框定的，但在主题之内可以各自设置目标，通过团队合作制订企划书，根据企划书在即将开展实验的小组中管理进程，推进实验
	结果考察	重视结果：学生为了获得一定的成果需提前做好准备	重视过程：根据各自不同的实验方法、实验技术和感觉发挥原创性，因此结果多种多样
	记录	每个人各自做笔记	开发用于知识产权保护和研究的专门笔记本并分发，掌握正确的记录方法
	报告方法	报告或考试	根据发展阶段（学年），学习公开发表的方法与规则，使用分组发表、报告书、口头问答、计算机软件等方法准备个人陈述资料
	学习的规则	单独对学习目标进行学习，不模仿别人	在团队中沟通协作，使用他人创意要表示尊重，制造新价值
	创造性	各自努力制造新东西	在团队中沟通协作，收集和分析各种有利信息，创造新价值，输出信息，提高价值
	努力方向	奖励下苦功的人	奖励掌握和使用创造性方法的人
	结果共享	指导者与实验者	根据规则公开发表
	考察与讨论	指导者与实验者	实验涉及的成员之间共享并合力开展考察
教师的作用		教课、传授知识	供专业知识及体验活动的信息来源，主要是对话及讨论对象
技术职员的作用		辅助实验前的准备工作和实验后的整理工作	学习管家，考虑教学效果、整顿学习环境，是与教师角度不同的对话及讨论的对象
企业人员的作用		不太利用	现实社会"活教材"的信息来源、建议者，为学生提供多元的角度、实际社会经验和实战能力技巧

表 6-3　实施项目

学年	体验型授课课程	在各学年、各学科培养知识产权意识的课程
低学年	• 追忆体验科学史上遗留的发明或发现 • 发明、发现与工业化的关系 • 通过企业参观、与技术人员的交流等的 WS 课程 • 项目推进实验	• 日本文学讲读 Ⅱ • 机械工学实操、电气工学实验 • 基础环境工学
高学年	• 创造性培养型的实验、PBL 课程、研究活动 • 知识产权的想象、保护及运用的教育 • 与专利法或专利申请相关的知识与方法	

8. 实践成果

图 6-2 中显示的是对某小组学生 5 月份与 10 月份评价结果的对比。由图可知，学生的各方面能力均有所提高，特别是在"背景与状况的把握""检索、信息的收集与利用""创意想法与独创性""实用性""讨论与任务分工等的团队合作能力"方面，教育效果显著。这是 PBL 教学方法在培养社会人基础能力领域的优势，包括学生自我主导型学习的欲望、技术者的社会使命、学习的意义与快乐、沟通的重要性、问题设定能力等很多方面。当然，这与知识产权教育之下的培养人才基础能力的目标是一致的，由此可以断言，将 PBL 教学法应用于知识产权教育，将比传统教学方法更有效。

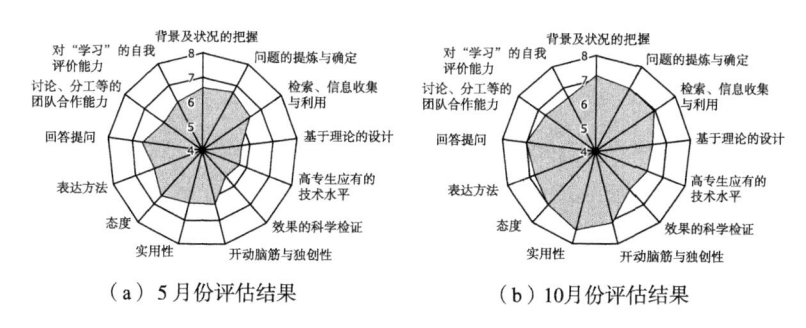

（a）5 月份评估结果　　（b）10 月份评估结果

图 6-2　关于 PBL 教学的能力评估比较

9. 实践建议

运用 PBL 教学法作为知识产权教育手段时，必须对课题的设置持谨慎态度。在选择合作企业等现存的问题时，可以促进对产业财产权相关知识的理解，但也有可能弱化知识产权教育中必要的意识与态度、与社会的关联等问题。反之，选择当地社会存在的实际问题为课题时，有必要先让学生深刻理解知识产权相关知识及其运用方法。

（执笔人：本江哲行）

6.2 以素养科目为核心的高专知识产权教育

(对象：高专；科目："产业财产权论"和"法学"，本科四年级至五年级的素养选修科目；分数和时间：100分×15小时，半学期开始)

1. 概要

日本是资源贫乏的国家，今后若要在国际社会维持科技立国的地位，技术人员在一定时期内必须意识到自己的责任和目标。在技术开发时，注意获取具有独占性、排他性和可利用的专利权。另外，技术人员还必须加深对制造物责任法的理论、反不正当竞争法等与知识财产权关系的理解。

高专的整体教育是呈楔形的教育体系，因此，可以先在低年级学生的素养专业教育中，在若干科目的学习中涉及与知识产权有关的知识。

旭川工业高等专业学校面向高年级学生，在素养选修科目"产业财产权论"和"法学"中加入了知识产权教学实践，下面具体介绍旭川工业高等专业学校的案例。

2. 教学宗旨

了解日本产业财产权制度的发展历史，加深对产业财产权相关法的理解，学习产业财产权与反不正当竞争法、产品责任法之间的关系。

训练产生创意的方法（头脑风暴），培养尊重自己的创意的同时，也要尊重他人的创意。

表6-4为旭川工业高等专业学校以素养科目为核心的知识产权教学大纲示例。

表6-4 以素养科目为核心的知识产权教学大纲示例

学年	必修科目	选修科目
一年级	信息基础、现代社会	
二年级	地理	
四年级	国际关系论	教养选修科目（法学、产业财产权论）
五年级	毕业研究	教养选修科目（法学、产业财产权论）
专业科	技术者伦理	

3. 教学目标

以掌握产业财产权相关的实务知识为目标，通过专利说明书的撰写、专利电子图书馆的检索实习，培养保护自身权利、尊重他人权利的意识和能力。

4. 教材

（1）INPIT发行的《从专利角度看产业发展史》。
（2）INPIT发行的《产业财产权标准教材》综合篇、专利篇、商标篇。
（3）专利电子图书馆。
（4）刊登知识产权知识内容的新闻报纸。
（5）知识产权高等法院官网上传的诉讼裁决案例。

5. 教学实践——"产业财产权论"

授课项目	内　容	时间
（1）产业财产权制度的诞生与产业发展的历史	● 日本从幕府时代末期开放港口以来，历经艰难曲折，逐步建立起完善的知识产权制度，能够理解知识产权制度对日本的发展做出了什么贡献	6小时
（2）产业财产权相关法概要	● 了解与产业财产权制度相关的世界条约及国内法律的概要，理解知识产权是国际化产物	9小时

续表

授课项目	内 容	时间
（3）产业财产权相关诉讼与反不正当竞争法、产品责任法	• 围绕国内外知识产权相关诉讼素材，理解以专利权为主的知识产权的重要性 • 理解产业财产权与反不正当竞争法的关系 • 理解产业财产权与制造物责任法的关系	8 小时
（4）专利与发明 创意的产生 专利电子图书馆的利用	• 成立学习小组，每个小组由3~4人组成，开展头脑风暴活动，每个小组提出与发明相关的创意并发表陈述，能够将自己小组的创意想法形态化，然后传达给他人 • 在发挥创意能力时，了解并使用专利电子图书馆，学习具体的申请授权的实务和方法	7 小时

6. 教学实践——"法学"

授课项目	内 容	时间
（1）科学技术相关法概要	• 能够理解产业财产权的内容	15 小时
（2）著作权法概要	• 能够理解著作权法的相关概要 • 能够理解因特网与著作权的关系	6 小时
（3）制造物责任法概要	• 理解技术人员生产制造实物时所必须了解的制造物责任制度的相关知识	3 小时
（4）国际关系法概要	• 能够理解国际关系法的内容	6 小时

7. 实践成果

① 产业财产权和著作权是知识财产权的两个代表性概念，要想明确掌握两者的不同之处，对这两个科目都要设立半年时间的课程。

② 一边让学生使用专利电子图书馆检索，一边进行创意产出的训练，能让学生对知识产权感同身受，防止其对知识产权权利的意识仅停留在观念化的表面。

③ 通过对自己创意的陈述，锻炼在众多人面前说话的能力。

④ 对自己权利保护的意识和对他人权利尊重的意识切实得到提高。

⑤ 在这一教学实践中，必须对专利电子图书馆过程信息进行管理和追踪，可以让学生习惯对过程信息的阅读理解，掌握获权过程中的实际状态。

⑥ 选修科目的设置也非常重要，关注知识产权的学生大多都选修了相关科目，收获了预设目标之外的成果。

8. 今后课题

作为知识产权教育的必修科目，面向五年级学生设置了"知识产权论"课程，针对高专低年级学生制订不逊色于职高的教学大纲，这是非常重要的课题之一。

表6-5　在高年级设立半学期的知识产权必修科目的示例

学年	必修科目	选修科目
一年级	信息基础、现代社会	
二年级	地理	
四年级		素养选修科目（法学）
五年级	知识产权论、毕业研究	素养选修科目（法学）
专科阶段	技术者伦理	

9. 实践建议

关于著作权法和产业财产权法的知识，已经在政治经济与现代社会的教材研究领域体现得十分完备。为了加深对日本知识产权发展的历史背景的理解，可以将《从专利角度看产业发展史》作为教材使用，从指导者的角度也可以作为有用的文献参考资料使用。

知识产权指导的难点在于，它既具有属地性质，本质上又是国际化的。如果从法学观点解释，从法的角度需要加深对实质法和抵触法基础知识的理解。因此，在开展知识产权教育时，作为教学内容的补充，每年将委托专利代理师级别的专家面向学生举办一次专题讲座。

(执笔人：谷口牧子)

参考文献

INPIT・HP 万 http：//www.inpit.go.jp/jinzai/educate/coop/intro-move.html（2012/09/24 最終確認）

知的財産高等裁判所 HP http：//www.ip.courts.go.jp/（2012/09/24 最終確認）

INPIT（2010）『特許からみた産業発展史』

6.3 著作权法中应对违法下载行为的教材开发与实践——在通用学科中加入知识产权要素

(科目:"信息安全与道德",通用学科,1 学分)

1. 概要

在通用学科教育中,该课程面向所有本科生,在必修科目或事实上的必修科目中使用,授课内容是在保留这些科目原来内容的基础上加入知识产权要素整合而成的。

2. 教学宗旨

充分利用所有本科生现有的必修科目,推进知识产权教育迅速普及。本教学实践案例是在通用教学科目"信息安全与道德"(1 学分)中编入作为著作权法要素之一的"下载行为违法化"(民事责任 2010 年 1 月施行修改版)的内容,如图 6-3 所示。同理,也可以经过适当整合,在其他科目中加入相关内容。比如,在经济体系教学科目中加入商标法及反不正当竞争法的内容,在理工科教学科目中加入专利法的要素等。"信息安全与道德"课程的教师团队作为知识产权教育者,被委托开发相关教材,进而逐步形成固定的知识产权教育方法。该科目原来是从合规与道德的角度提及著作权法的部分内容。2010 年 1 月著作权法修正版施行以来,对应的教材的修正和增补尚未跟上,因相应内容的教材开发需要委托相关人士。当时,知识产权教育者接受委托,就相关内容提供和制作了幻灯片素材,并在大学教育中心主办的 FD 培训上探讨,该培训以"信息安全与道德"

第6章 高专及大学的实践案例

的授课教师为培训对象。在培训班上,有人指出这些教师没有法律专业背景,很难正确传授相关法律内容。为了解决这一问题,教师们专门制作了 5 分 25 秒的讲解视频,供学生在课堂上视听使用,如图 6-4 所示。

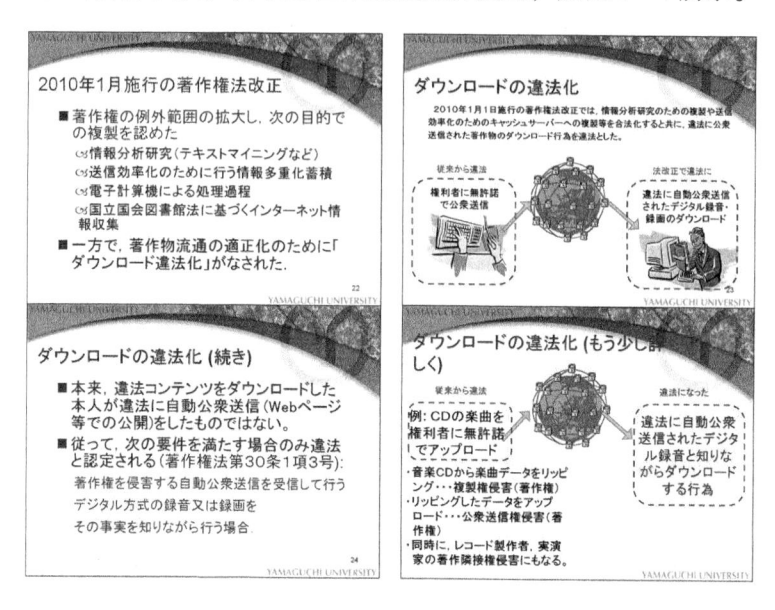

图 6-3 下载违法化(民事)部分的幻灯片教材

图 6-4 下载违法化的视频教材

3. 教学目标

"信息安全与道德"科目为 1 个学分,共计 8 课时,由以下 8 个主题构成:

(1) 信息的本质。
(2) 密码及认证。
(3) 信息安全。
(4) 信息道德。
(5) 合规①:规则与合规、信息法。
(6) 合规②:个人信息的保护、著作权的保护。
(7) 风险评估。
(8) 风险应对与课题实操。

本次教材开发对第六个主题后半部分涉及的"著作权的保护"的内容进行了增补和修改,以应对《著作权法》第 30 条第 1 项第 3 款中规定的下载违法化(民事责任)的要件——"接收面向公众自动输出的信息,以电子方式进行录音或录像,在知悉这一行为可能造成侵犯他人著作权的情况下仍采取这种行为时"。此教学实践的目的是促进学习者对上述要件的正确理解,培养其对著作权持有正确的观念。

4. 教学实践

第六个主题后半部分的著作权保护内容,原来涉及"作品""著作者的权利""著作邻接权""权利限制""权利侵犯""著作权自由的解释"等内容。此次增补和修改,对作为"权利限制"部分的专题论述追加了幻灯片教材,对其他幻灯片教材也从法律的缜密性角度进行探讨并作了部分修改,从 2012 年前期开始使用。此处,在学生用的幻灯片教材中还设置了用于确认学习效果的问题。所有上述教材包括动画在内都被存储在学校的内容管理系统"moodle"里,学生和教职员可以在校内外随时随地获取资源,试听动画。

5. 教材开发与实践建议

在中等规模以上的大学，面向所有本科生在必修通用学科中开展知识产权教学实践时，大多是由数名教师对同一教学内容进行平行授课，教师通常会联合起来举办教学研讨会，探讨教材开发或科目运转问题。因此，希望知识产权授课教师或负责教材开发的教师都能够参与其中。本节介绍的教学实践案例，是在"信息安全与道德"科目的一部分课时内容中加入著作权法的要素。这个方法也适用于不包含知识产权教育要素的教学科目，当然也可在其他公共学科和本科专业科目中进行尝试。只是，要注意在应用时以不影响该教学科目本身的教学宗旨和目标为前提，认真研究新加入的教育要素和方法，重新组合后反而更能促进学生对该科目的理解。另外，在知识产权领域，每年至少都要进行一次法律修改，如果教授知识产权法的教师能及时编制和修改相应的教材，教学效果将更加理想。本教学案例涉及的是 2010 年 1 月施行的下载违法化的民事责任，在 2012 年 10 月施行的修改法中则进一步规定了刑事惩罚，因此有必要构建教材修订机制，及时应对法律修改。

（执笔人：木村友久）

6.4 开发并使用与知识产权及著作权法相关的远程教材——用远程教育补充教师资源

(科目:"知识产权入门"自学教材,通用学科,2学分;目标:实现中长期远程教育,并能将远程教育成绩纳入学分)

1. 概要

计算机运转速度的提升和动画编辑软件的普及,大大改善了动画教材的编制环境。现阶段,只要事先做好一定的准备,对教师的日常授课场景进行录像和编辑并不是一项很困难的工作。因此,在知识产权教育逐步推广的过程中,可以通过远程教育手段辅助解决任课教师人手不足和人力负担等问题。最理想的开发状态是,这种教学形式能够成为支撑知识产权教材编写等组织的管理平台,并且在各大学之间形成共同探讨、互通有无的氛围。

2. 教学宗旨

目前,该教学实践的定位是,在通用学科教育和本科教育(也有一些教学实践是利用研究生的自习课)中形成纯粹的自发型学习,或作为面授科目的补充。从中长期发展来看,在进一步确认学习效果、完善评价方法的基础上,应该在引进知识产权教育的同时,推动远程教学科目成绩纳入学分体系。

3. 教学实践

以 2012 年 12 月为时间节点，"moodle"系统中运行着（1）~（6）主题的知识产权教学内容，山口大学的学生和教职员工通过个人认证服务器，在校内外都可以使用。图 6-5、图 6-6 所示为教材配置页面及教材页面示例。

主题	内容	时间
（1）"知识产权概论与知识产权信息检索"上篇	知识产权概览，专利法概要，专利信息检索的意义，专利信息的检索与解释，简单的开发战略，软件与贸易模式专利，外观设计法概要，关于外观设计法的独特制度，外观设计检索，商标法概要，商标检索	69 分 70 秒
（2）"知识产权概论与知识产权信息检索"下篇		64 分 40 秒
（3）"反映实践一线实感的著作权处理概论"	讲义概览，最近的热点话题，关于常识的非常识，知识产权概览，著作权法概要，关于音乐 CD，音乐之外也一样，"彦根喵"介绍，作品的认定与复制，权利限定规定（2010 年 1 月 1 日修改前），其他注意事项	64 分 50 秒
（4）"反映实践一线感受的著作权处理－程序保护"	序言，贸易软件界面，操作界面的外观设计法保护，著作权法对程序等的定义，关于程序的案例，专利法概略，专利的具体案例，著作权与专利权保护的区别，契约与 GPL，专利与著作权的交叉	60 分 39 秒
（5）"反映实践一线感受的著作权处理－内容制作与著作权法"	受他人企划的启发，资料来源相同，恶搞语言，拍摄路人，权利期限到期后，资料图像的使用，事实关系的误报，断章取义的编辑	59 分 33 秒
（6）"反映实践一线感受的著作权处理－著作权法修改信息"	2010 年 1 月 1 日修改前，2010 年 1 月 1 日以后，到改正时间为止的资料	44 分 14 秒

注：在"moodle"上提供 PDF 电子教科书、动画教材、确认学习效果问题的信息。

日本知识产权教育：从小学到大学的实践与理论

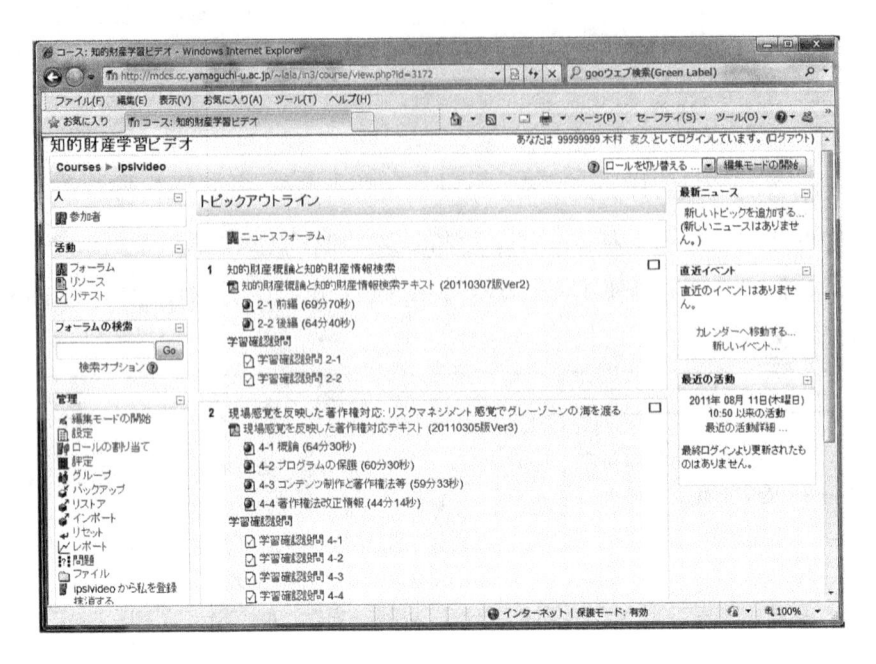

图 6-5 教材配置页面

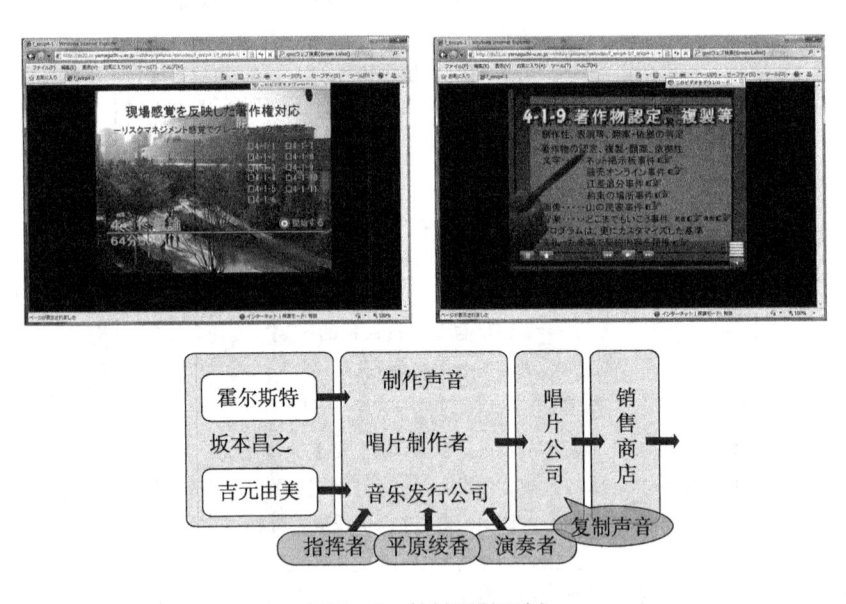

图 6-6 教材页面示例

该教学实践中用到的教材均是利用学习者身边实际存在的素材编写而成。例如图 6-6 显示了音乐 CD 的权利关系，在听完教师的解释说明后，

第 6 章　高专及大学的实践案例

学习者将进入 JASRAC 的主页，利用乐曲数据库检索乐曲的权利关系。通过这种教学方式，学习者能够认识到知识产权近在身边。发明专利及外观设计的教学方法与著作权一样，例如让学生以"赏雪大福"冰淇淋为例就发明专利展开讨论，或者通过专利电子图书馆检索智能手机界面的外观设计等，这些教学方法效果显著。

图 6-7 所示为关于确认学习效果的题目设置。截至笔者发表时，题目仅仅是一些确认学习者是否视听了某段落的视频，以后还应增设一些题目，以能够确认学习者是否实质性地掌握了知识点，从而对学习效果进行评价。

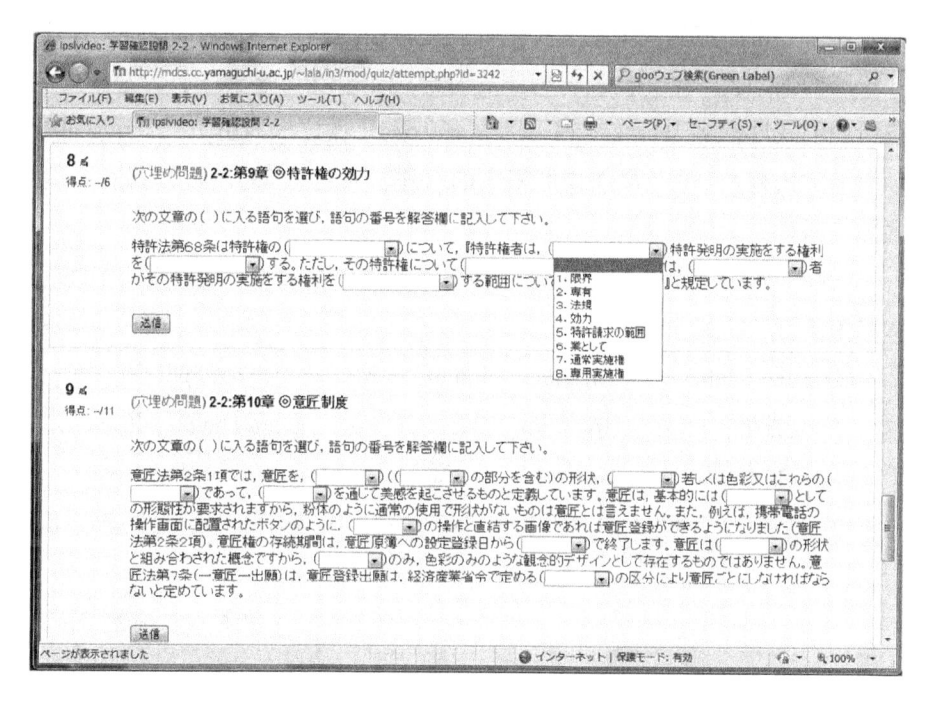

图 6-7　确认学习效果

4. 教材开发与实践建议

鉴于之前开发的多媒体教材仅在校内范围共享，今后有必要就授课时间之外的使用权利进行探讨。《著作权法》第 35 条就复制与社会传播问题作了权利限制的规定，即"仅供学校及其他教育机构中担任教育工作的人与接受教育的人在授课过程中使用"为目的。关于在授课时间之外的时间段内进行视听行为的解释是：由于此处所指的授课时间包括在大学学习进修阶段为获得学分而消耗的预习时间、授课时间和复习时间，因此在复习时间段内的教材视听行为也可以被视为"在授课过程中使用"。但是，尚未发现适合这种解释的明确判例，而且在法律条文制定过程中也经常以"在教师所在的教室和远程授课中的双方教室里有学生"为判定前提，所以从开发教材的实务者角度，希望在制订教材内容时考虑到视听时间转换的问题，从制作之初就使用完全自创（原创）或已经作了著作权处理的素材。例如，可以将研究生或本科生专业教育中的知识产权教育内容用在通用学科的远程教学中，使教材编制更符合规定。在山口大学，为适应学生各阶段的发展，将为研究生编写的《开发光触媒技术的历史》《开发低燃料引擎的流程》《可爱吉祥物彦根喵的著作权案件》等教材进行改造，在通用学科中投入使用。

山口大学以师范专业学生为对象开展知识产权教育，具体教学内容可以参考下面4个资料：

① 教材，http：//www.kim－labinfo/exterorg/gp21kyou2.pdf；

② 报告书，http：//www.kim－lab.info/exterorg/gp21hou2.pdf；

③ 教案示例，http：//www.kim－lab.info/exterorg/kyou01.pdf；

④ 专利系统，http：//www.kim－lab.info/domescon/howto_useyupass.pdf。

（执笔人：木村友久）

6.5 大学素质教育中以所有本科生为对象的知识产权教育

(科目:"发明学入门",通用学科,2学分)

1. 概要

本节将展示"发明学入门"课程,三重大学从 2002 年至 2009 年面向全体本科生开设此课;2013 年,该课程更名为"知识产权学入门",重新开课。

2. 教学宗旨

大学生大多从普通高中生升学而来,来自工科职高的学生很少,因此大多数学生没有接受过产品开发等课题研究的教育,一般深信"我与发明无缘,那个做不来"。这里要介绍的知识产权教育是要做到每人拥有 1 项发明,并将发明整理为可以真正申请专利的格式。通过这一教学实践,让学生摆脱思想束缚,激发学生的创造兴趣,在今后有关教学中积极热情地听讲,这也正是入学第一年知识产权教育的意义所在。另外,以发明体验为主轴,将知识产权整体基础知识及实践案例贯穿到课程中,提高学生的知识产权综合意识也是宗旨之一。

3. 教学目标

学习目标涉及"创造知识财产的意识""知识财产相关知识与理解"

"尊重知识财产的态度"等几个方面。课程内容围绕每人拥有 1 项发明这一目标展开,主要培养下述能力:具备知识财产意识,在此基础上将创意想法具体化;能够将想出来的创意理论化,且明确地表述出来;能够将想出来的创意按照格式要求表达出来。

4. 教材

INPIT 发行的《产业财产权标准教材》系列及其他。

5. 教学实践

每次教学将从各学科领域聘请教师,以主题汇编的形式多角度举办主题讲座。下表是 2009 年度"发明学入门"课程设置一览表。

课程次数	内　容	讲师姓名
第 1 次	序言	松冈守
第 2 次	创意马拉松	樋口键夫
第 3 次	自助器的发明:三河的爱迪生	加藤源重
第 4 次	头脑奥林匹克(Odyssey of the mind):智慧与技术	桑门聪
第 5 次	从日本特许厅看专利	石坂阳子
第 6 次	机器人大赛与校内专利制度	吉冈利浩
第 7 次	贸易系统下的知识产权	世良清
第 8 次	从产生创意到创业	武田秀一
第 9 次	试撰写申请书	松冈守
第 10 次	三重大学的发明举措	黑渊达史
第 11 次	反不正当竞争法	余川彬夫
第 12 次	从专利代理师看专利	笠井美孝
第 13 次	创意马拉松(总结)	樋口键夫
第 14 次	总结	松冈守

第 1 次课,介绍课程整体脉络,重点是必须向学生强调做到每人拥有 1 项发明,并整理为专利申请文件。另外,向学生介绍涉及知识产权知识的一些动漫作品,让学生建立与知识产权的亲和感。

第2次课，将大量创意想法写下来，由提倡"创意马拉松"的樋口先生介绍学习方法，要求学生今后按照这个方法持续学习。

第3次课，向学生介绍几款残障人士使用的独特的辅助器的发明，让学生明白不需要很深的理工科知识，只要下功夫谁都可以创造出令人满意的发明。在这个课程上，学生将会对发明数量之庞大表示震惊。

第4次课，由桑门先生向学生介绍刈谷少年俱乐部的活动。

第5次课，由日本特许厅的石坂先生向学生介绍产业财产权概览及日本特许厅的职能。

第6次课，由在中学技术科从事机器人制作的吉冈老师讲述机器人制造需要付出的努力。

第7次课，由在商科职高从事外观设计及商标教育的世良老师授课。

第8次课，由经营创意创业咨询室的武田先生授课。

第9次课，就专利申请所必需的文件内容及申请方法进行介绍。

此后，就以下主题进行介绍：三重大学的发明创造状况（第10次课）、反不正当竞争法（第11次课）、从专利代理师看专利（第12次课）、创意马拉松的总结（第13次课）。

第14次课，总结课，针对整个课程进行总结，并对优秀的发明报告给予表彰。

6. 经典课程介绍

由于采取主题汇编形式的授课方式，所以每次授课的内容与方法也大不相同。从整体来讲，最大的特点就是，在大学第一年知识产权教育中邀请日本特许厅职员、专利代理师、经常被媒体报道的著名发明家授课。一般来说，听他们讲亲身经历的事情会产生巨大冲击，让学生内心感受到发明行为是学生不可分割的一部分。

表6-6是某一年度在上完这个课程后提交的优秀报告。由于听讲的大多是一年级学生，除了极少数来自于知识产权相关专业，其他的大多数都通过观察感受日常生活中的不便，经过自由发挥想象，尝试了发明过程。

表 6-6 学生优秀报告一览表

序号	所属系	名称	序号	所属系	名称
1	人文	塑料袋开袋器	23	工	带网架的椅子
2	人文	橱柜	24	工	防弹夹克
3	人文	非流水式过滤装置	25	工	杯型煎煮器
4	人文	纸巾盒袋	26	工	海胆壳剥离器
5	人文	可租赁的伸缩窗帘	27	工	擦窗扫除工具
6	人文	挂钩	28	工	拔草器
7	人文	服装类衣挂	29	工	完全防雨雨伞
8	人文	果汁易拉罐开瓶器	30	工	点眼药辅助器
9	人文	笔记本计算机附带控制器	31	工	透明胶带切割座
10	人文	塑料瓶开关装置	32	工	白板
11	人文	可拆解发梳	33	生物	立伞架
12	人文	棉质发夹	34	生物	伞
13	人文	粒状点心盛放器	35	生物	带分度器的尺
14	人文	除蚊诱饵盛放器	36	生物	交通卡袋
15	教育	自行车钥匙	37	生物	塑料瓶清洗刷
16	教育	挂钩	38	生物	鼻涕吸取器
17	教育	纸巾盒	39	生物	伞
18	教育	可拆卸简易自行车车棚	40	生物	掏耳勺
19	教育	自行车发电机与充电器	41	生物	粉笔
20	医	易接电插座	42	生物	折伞器
21	医	塑料瓶加压器	43	生物	有刻度的液体保存容器
22	医	食品刀			

7. 实践成果

在最后一节课上发放调查问卷,由听讲学生自由填写。他们写了很多诸如"体会到下功夫琢磨的快乐""注意到平时熟视无睹的不方便,想做些什么使之变得方便""对自己的创造力变得有信心""想成为一名专利代理师"等感想。从调查问卷结果可以看到,学生对知识产权的认识产生了极大的变化。

(执笔人:松冈守)

第6章 高专及大学的实践案例

注：

本节所介绍的教学实践是2001—2007年实施的一系列知识产权教育活动，与日本特许厅委托的研究项目有很大关系。另外，2004—2006年，该教学实践作为文部科学省的"现代教育需求活动支持项目"（简称"现代GP"）之一予以实施，即"知识产权创造项目的开展"。在实施这个项目时，以本节介绍的教学实践为核心，在基础教学科目和专业教学科目两个领域系统地开设了丰富多彩的课程，如图6-6中2006年的案例。

【公共科目课程】		【本科/研究生课程】		
主题1 创造与知识产权 【前期】	主题1的教学目标：学会在日常生活中开动脑筋，发挥创造力，为改善生活和社会贡献力量，并掌握相关的科学、法律、经济等的必要知识	【人文系】 （在公共科目中实施） 【教育系】		
·智慧与创造	常规科目 妹尾允史	·基础设计2	教育系	冈田博明
·经营战略与研究开发	常规科目 元城寺英夫	·作曲法	教育系	荒尾悦儿
·商标法	常规科目 笠井美孝	·综合实践（社会）	教育系	山根荣次
·著作权概论	*常规科目（与放送大学的"大学联合模式研究"项目）	·教育实践	教育系	须曾野仁志
·发明学入门	综合科目 松冈守 等	·社会信息探究	教育系	下村勉
·农业机械技术史	常规科目 伊藤信孝 等	·技术与生活A	教育系	中西康雅
·计算机基础1及实操	基础教育科目 北英彦 （主题1以外的课程）	·小学专业体育1	教育系	山本俊彦
		·小学专业生活	教育系	松冈守
【后期】		·综合实操	教育系	冈野昇
·开发创造性的方法	PBL讲座 松村浩幸 等	【医学系】		
·三重品牌的创造	公共讲座 朴惠淑	·医疗风险入门	医学系	西村训弘
·著作权法	公共讲座 上野达彦	【工学系】		
·知识产权保护	常规科目 余川彬夫	·技术人员价值观	工学系	鹤冈信治
·技术史	常规科目 都筑正之	·机械工学讲座	工学系	丸山直树
·信息化社会与著作权	常规科目 须曾野仁志	·语言工学特论	工学研究科	河合敦夫
·专利的技术转移	常规科目 黑渊达史	【生物资源系】		
·发明专利法与实用新型法	常规科目 笠井美孝	·应用模拟工学	生物资源系	左藤邦夫
·计算机基础2及实操	基础教育科目 北英彦 （主题1以外的课程）	·风险企业论	生物资源系	酒井雅英
*2005年至2006年与放送大学实施"大学联合模式研究"项目，在放送大学设立的实验性授课科目可以作为放送大学和三重大学的公共教学科目，互认学分。		咨询地址：知识产权教育事务局　三重大学 chizai_jimu@oku.edu.mie-u.ac.jp		

图6-6　"现代教育需求举措支持项目"课程设置一览

第 7 章
关于知识产权教育理论的探讨

7.1 建立知识产权教育体系的摸索与尝试

1. 在学校教育阶段建立知识产权教育体系的必要性

正如第 2 章对知识产权教育历史的阐述，从行政角度讲，"知识产权教育"这一词语起源于 2002 年；如果将著作权也包含在内，其历史还要向前追溯一步。随着历史的潮流，不仅高中，包括初级教育与中学教育在内的广大学校教育，都进行了知识产权教育的探索与实践。本书第 3 章至第 6 章中介绍的教学案例，堪称知识产权教育实践的先锋代表。但是，毋庸置疑，现阶段知识产权教育本身尚未形成教学科目，而是夹杂在原有的教学科目框架下、在各种限制中，由各学校、各位教师通过持之以恒的努力和不断试错，形成一系列教学实践活动。我们可以从这些学校及诸位老师的积极作为中获得很多启示。例如，有些教学实践以知识产权知识的学习为主；有些教学实践则把知识产权内容作为"调味剂"，促进知识产权教育灵活多变地发展。当然，在这背后一些作为实践对象的科目也初步形成大框架。

在向本书介绍的先进教学案例学习的同时，我们也必须在原有教学科目框架的基础上,思考应该怎样在学校教育中加入知识产权教学、如何分配、如何平衡等问题。换言之,我们应该根据教学大纲设定的基本方针,探讨知识产权教育的范围(范畴)、适应学生各阶段的教学内容、配置顺序(序列)等问题,这是建立知识产权教育体系的第一步。在明确知识产权教育的范围和序列问题以后,我们就有了抓手,就可以不断对相关教育内容和教育方法进行改革创新。

本节根据上述思路和前期实践研究的结果,针对学校各阶段的知识产权教育范畴和序列(以下简称"框架")进行了探讨,并草拟了知识产权教育目标清单,以期将知识产权教育框架具体化。目前提供的目标清单是草案,尚未最终确定。希望本书的读者,特别是行业同仁提出宝贵意见,提高目标清单的水准。

2. 知识产权教育框架下的举措

在第2章第2.4节"高专及大学的知识产权教育趋势"中介绍过,日本在现有知识产权教育框架下实施了多种多样的举措。其中,日本特许厅对大学的支持项目、文部科学省的"现代教育需求活动支持项目"(现代GP)下的知识产权教育研究都是非常具有代表性的举措。根据有关大学的研究结果表明,在这些措施的支持下,以前知识产权教育只在专业教育中出现,现在在义务教育阶段或高中阶段的普通科目教学中也有所体现。

为了进一步推进知识产权教育框架的构建,三重大学专门进行了知识产权教育大纲的研究[①]。在这项研究中,研究人员将知识财产相关知识作为学生基本素养,提出了"知识财产扫盲"的理念,将知识财产扫盲的发展归纳为四个阶段:知识财产扫盲孵卵期(7~10岁)、知识财产扫盲诞生期(11~12岁)、知识财产扫盲成长期(13~15岁)、知识财产扫盲充实期(16~18岁)。研究人员尝试按照学生的发展阶段将知识产权教育体系化,

---

① 三重大学(2007年)《在初级与中级教育中知识产权教育手段的研究报告书》,《大学知识产权研究推进事业》第123-129页。

本书提及的知识产权教育目标清单研究也是从这项研究发展而来的。

著作权教育和信息教育领域关于框架及体系化的研究比较先进。例如，野中先生团队就学校各阶段的著作权教育提出了高屋建瓴的体系化建议，对理论和实践都作了很好的归纳[1]。另外，近年来在教学一线，信息道德教育成为重要课题，从小学到高中的各学校教育阶段都就这一课题制定了详细的教育目标清单[2]。著作权教育和信息教育在框架及体系化建设方面堪称先进模范，知识产权教育的框架研究从中受益良多。本书关于知识产权教育目标清单的提议，其构造与使用方法即参考了上述信息道德教育目标清单。

3. 知识产权教育目标清单

如前所述，三重大学在研究中使用了"知识财产扫盲"概念。"扫盲"一词通常针对的是读书写字等最基本的能力。在学习力理论方面颇有影响的全球经济合作与发展组织（OECD）开展了一次"国际学生能力评估项目"（PISA）调查，结果显示"扫盲"一词的含义在被扩大使用，比如数学扫盲、科学扫盲等[3]。但是，"知识财产扫盲"这一概念还很难在知识产权教育领域得到广泛共识。因此，为了避免造成混乱，本书虽然在针对各发展阶段及各学校教育阶段设定目标时参考了"知识财产扫盲"概念，但并不采用"知识财产扫盲"这个表述。

本章提出知识产权教育的目标清单（以下简称"目标清单"），主要以未成年人为对象，将在校阶段划分为小学低年级、小学高年级、初中、普通高中、职高5个阶段。高专包含在职高教育阶段中。学校教育阶段分别对应知识产权教育设定的4个发展阶段：从"有趣"到"有意识"的孵卵期（小学低年级）、从"有意识"到"知道"的诞生期（小学高年级）、

---

[1] 野中阳一编（2010年）《教育信息化与著作权教育》三省堂。

[2] 国立教育政策研究所（2012年）《信息道德教育实践手册》http://www.nier.go.jp/kaihatsu/jouhoumoral/index.html。

[3] 国立教育政策研究所（2010年）《为了生存的知识与技能4——OECD学生学习到达程度调查（PISA）》2009年调查国际结果报告书，明石书店。

从"知道"到"理解"的成长期（初中）、从"理解"到"能够"的充实期（高中）。

教育目标是目标清单的支柱，在前期研究和实践的基础上，这里将教育目标分为三大类，分别是有知识产权意识的创造性、知识产权知识与理解、尊重知识产权的态度。

在"有知识产权意识的创造性"这个目标下又分为下面四个具体目标：

① 有知识产权意识的创造性的思考。
② 有知识产权意识的创造性的技能（产业财产权）。
③ 有知识产权意识的创造性的技能（著作权）。
④ 有知识产权意识的创造性活动的积极性。

在"知识产权知识与理解"这个目标下设定了下面三个具体目标：

① 知识产权制度的知识（知识产权整体）。
② 知识产权制度的知识（产业财产权）。
③ 知识产权制度的知识（著作权）。

在"尊重知识产权的态度"这个目标下设定了下面两个具体目标：

① 尊重知识财产的价值观。
② 针对知识财产的行动。

表7-1是根据上述内容，针对学校各个教育阶段设置的目标清单。

4. 知识产权目标清单与评价角度的对应

《学校教育法》第30条记载的三个要素，是教学一线对学习能力探讨与评价的基础，即：

① 基础或基本的知识与技能。
② 在利用知识与技能解决课题时所必需的思考力、判断力、表达力等。
③ 自主投入学习的态度。

表7-1 各学校教育阶段的知识产权教育目标清单（草案）

学校教育阶段		小学低年级	小学高年级	初中	普通高中	职高
知识产权教育阶段		孵卵期	诞生期	成长期	充实期	
		从"有趣"到"有意识"	从"有意识"到"知道"	从"知道"到"理解"	从"理解"到"能够"	
有知识产权意识的创造性	a：有知识产权意识的创造性的思考	a1：针对规定课题展开丰富多彩的创意和想象	a2：能够收集和分析信息，丰富开展自己的创意联想	a3：能够在知识产权意识下将创意具体化		
	b：有知识产权意识的创造性的技能（产业财产权）	b1：用图和文字表述自己的创意		b2：能够将创意有逻辑地表述出来	b3：能够有逻辑明确地表述想出来的创意	b4：能够按照格式要求表述想出来的创意
	c：有知识产权意识的创造性的技能（著作权）	c1：能区别自己与他人的作品	c2：了解引用与使用许可的必要性	c3：能够根据内容判断是否需要引用或征得使用许可	c4：能够根据内容需求正确地引用引用或获得使用许可	
	d：有知识产权意识的创造性活动的积极性	d1：积极主动地开展创造活动		d2：能够积极主动并与他人合作开展创造性活动	d3：能够积极主动地进行与社会相关联的创造性活动	d4：能够活用知识产权知识，展开与社会相关联的创造性活动

第7章 关于知识产权教育理论的探讨

续表

学校教育阶段	小学低年级	小学高年级	初中	普通高中	职高
知识产权相关知识与理解					
e: 知识产权制度的知识（知识产权整体）	e1: 明白珍视作品和创意的重要性	e2: 了解知识产权思维	e3: 理解知识产权思维的重要性和必要性	e4: 理解知识产权制度的必要性和重要性	e5: 能够活用知识产权制度的基础知识
f: 知识产权制度的知识（产业财产权）	f1: 了解著名的发明家及发明	f2: 了解专利思维	f3: 理解产业发展与产业财产权的关系	f4: 理解产业财产权的基础知识	f5: 能够活用产业财产权的基础知识
g: 知识产权制度的知识（著作权）		g1: 了解著作权思维及注意事项	g2: 理解文化发展与著作权的关系	g3: 能够理解和运用著作权的基础知识	
尊重知识产权的态度					
h: 尊重知识产权的价值观	h1: 珍视朋友的作品或创意	h2: 能够尊重身边的知识产权	h3: 在理解相关知识产权的基础上尊重知识财产	h4: 具备尊重知识产权的价值观，并且能向其他人阐述这种价值观的必要性和重要性	
i: 针对知识财产的行动	i1: 在创造性活动中，培养珍视朋友作品及创意的意识	i2: 关注创造性活动中的著作权	i3: 关注创造性活动中的知识财产权	i4: 在创造性活动中尊重知识产权，并能够正确地判断、处理和运用	

立足上述三要素，2010年颁布的《小学、中学、高中以及特殊援助学校学生的学习评价及指导摘要的完善（通知）》[①]中，将评价角度分为"关注、热情与态度""思考、判断与表达""技能""知识与理解"四个方面，同时还列举了各教学科目的评价角度。但是正如通知中所述，各学校自行设置的角度也是被认可的。因此，为了在学校教学一线利用本书提出的知识产权教育清单，有必要就知识产权教育目标清单和评价角度的对应关系进行探讨。各教学科目作为知识产权教育实践的平台，都设置了自己的评价体系，现阶段很难在所有教学科目中嵌入统一的知识产权教育评价体系。在此，将现阶段的知识产权教育清单与评价角度的对应关系用表7-2展示，仅为研究提供思路和线索。

表7-2 学校教育阶段知识产权教育目标清单与评价角度的对应方案（草案）

知识产权教育阶段		主要观点
有知识产权意识的创造性	a：有知识产权意识的创造性的思考	思考与判断
	b：有知识产权意识的创造性的技能（产业财产权）	技能与表达
	c：有知识产权意识的创造性的技能（著作权）	技能与表达
	d：有知识产权意识的创造性活动的积极性	关注、热情与态度
知识产权相关知识与理解	e：知识产权制度的知识（知识产权整体）	知识与理解
	f：知识产权制度的知识（产业财产权）	知识与理解
	g：知识产权制度的知识（著作权）	知识与理解
尊重知识产权的态度	h：尊重知识财产的价值观	关注、热情与态度
	i：针对知识财产的行动	思考与判断

综上所述，本节所阐述的目标清单及评价角度的对应方案尚处于试运行阶段，如果能在各位同人的指点和大力支持下不断完善更新，形成今后知识产权教育研究与实践的路标，将深感欣慰。

（执笔人：村松浩幸）

[①] 文部科学省（2010年）《小学、中学、高中以及特殊援助学校学生的学习评价及指导摘要的完善（通知）》http://www.mext.go.jp/b_menu/hakusho/nc/1292898.htm。

7.2 小学阶段的知识产权教育要点

1. 小学阶段的知识产权教育思路

小学阶段的知识产权教育可以归纳为两类，一类是与著作权有关的内容，另一类是与创造性有关的内容。创造能力是知识财产的基石，特别是在小学这一生长发育阶段，鼓励学生积极热情地参与创造活动，或者对某一主题提出多种多样的创意想法等培养创造性的教育举措尤为重要。

日本小学阶段已经开始涉及著作权，例如，2008年发布的《小学学习指导纲要》关于日语①的内容表明，明确标注引用方法与来源是三年级和四年级的学习内容，进而针对五年级和六年级学生，对引用量等提出更具体的要求。另外，在小学阶段开始接触信息道德的有关内容，"总则"中就此作出要求，让学生在信息层面思考知识产权等信息中包含其他权利的情况，在道德层面了解法律的规定和法律的遵守情况。

在小学阶段，上述创造性的培养和著作权有关知识是最主要的知识产权教育内容，同时，在实施过程中还应该突出"如何看待模仿"这一大问题。在权利教育中，传递"绝对不可以模仿"的信息很重要。当然，众所周知，完全脱离模仿是不可能创造出现在的所有知识财产的。在学生各发展阶段，特别是从小学阶段到初中阶段，如何平衡模仿与不模仿的关系是一个大课题。因此，不能把著作权仅作为一项权利看待，而更应该将著作权作为能够提高创造性、促进大家制作出更优良产品的机制看待，了解著作权存在的必要性。例如，首先教育的出发点应该是通过互相学习和肯定

---

① 文部科学省（2008年）《小学学习指导纲要》第2章各教学科目第1节日语。

作品的优点，培养珍惜朋友的作品及创意的态度。如果在创造活动中能够珍惜朋友的作品或创意，则可以在进入初中阶段以后正式向知识产权教育过渡。

2. 小学阶段的知识产权教育实践要点

如前所述，在小学阶段必须以创造性为基础对待著作权，奠定知识产权教育的根基。因此，建议在各教学科目中嵌入有关知识财产知识的体验型学习内容。例如，举办肯定彼此作品优点、互相学习的活动。学生们在课堂上的相互学习行为应得到重视，建议在这样的学习中自然地融入知识财产相关内容，将著作权与信息道德或与创造性关联起来尤为重要。

在第 3 章介绍的每个实践案例，都是在小学阶段正式开展的知识财产教学实践。通过著作权教学案例可知，在内容制作的体验型学习活动加入著作权相关知识，效果明显。例如，在宣传单制作活动中，学生不仅可以学习到商标知识，还可以理解创作者的立场，将创造性与知识财产知识有机地连接起来。再如，通过绘本学习发明与专利机制，换言之，只要使用适当的教材，对原本在小学教育中难于处理的内容也可以加以实践。

综上所述，建议在小学阶段引进知识产权教育时，以提高创造性的体验型活动为主，将小学各阶段的发展特点与知识财产知识相关联。

（执笔人：村松浩幸）

第 7 章 关于知识产权教育理论的探讨

7.3 初中阶段的知识产权教育要点

1. 《初中学习指导纲要》与知识产权的关系

在初中阶段，在技术科目中设置了著作权的学习，自 2008 年发布《初中学习指导纲要》以来，若干教学科目中不仅有著作权的表述，还出现了知识财产或知识产权的表述。因此，在初中阶段将知识财产教学内容编入相关科目中变得容易操作。

2. 初中阶段的知识产权教育实践要点

从《初中学习指导纲要》可知，"知识财产"这一表述已出现在若干个教学科目中，顺应这一趋势，有些增加了关于知识财产表述的教科书也已审核通过。特别是技术科目的教科书既涵盖了知识产权整理，又在著作权部分增加了违法文件下载等内容，产业财产权的分类和相关内容的记载也更加充实。根据以上情况，在初中阶段，应该以《初中学习指导纲要》里记载的技术、音乐、美术（表 7-3）为主，同时再综合学习时间、日语、社会等科目与知识产权教育相关联，推进知识产权教育。

具体来讲，在各教学科目中，对于小学阶段所涉及的著作权与处理方法，应不仅只停留在触及著作权法等内容，还可以进一步深入。关于引用与著作权的利用，应不局限于上述科目，在日语或社会、特别活动等许多教学科目中都可以实践。具体到教学案例，以"立体咕噜咕噜"软件的制作实践为例，让学生意识到自己就是著作权人，学会积极地共享与尊重。

表7-3 2008年发布的《初中学习指导纲要》中关于知识产权的内容

教学科目	2. 涉及内容与指导注意事项
技术	（5）在所有教育内容中，培养与技术相关的价值观或挖掘利用新创意的态度（创造和利用知识财产的态度） （1）将著作权也作为信息通信网络和信息道德的内容
音乐	③根据需要，涉及与音乐相关的知识财产权
美术	（5）注意与美术相关的知识财产权或肖像权等相结合，培养尊重自己和他人的创造物等的态度

来源：文部科学省（2008年）《初中学习指导纲要》第2章各教学科目第8节技术与家庭。
文部科学省（2008年）《小学学习指导纲要》第2章各教学科目第5节音乐。
文部科学省（2008年）《小学学习指导纲要》第2章各教学科目第6节美术。

关于产业财产权，可以考虑在技术科目中大展身手。例如，在信息技术课的教科书中不仅可以编入著作权相关内容，也可以编入产业财产权的解释，并将教学内容进一步深化。另外，像创意挖掘实践一样，结合语言活动让学生将创意表达出来，这个方法既方便操作，又可以培养学生将创意想法有逻辑地表达出来的能力。总之，灵活结合《学习指导纲要》中对语言能力的重视，在初中阶段可以开展实践型的教学。另外，综合学习时间比以往减少了课时数，可以考虑在这个科目内开展形式多样的实践活动，企业家实践就是很好的案例之一。此外，还可以与最近很受关注的职业教育结合，将取得良好效果。

综上所述，基于《学习指导纲要》的修改，知识产权教学越来越容易实施，这种局面前所未有。建议充分利用这一大好时机，在各种教学场景中加入知识产权教育的内容。

（执笔人：村松浩幸）

7.4 高中阶段的知识产权教育要点

1. 高中阶段的知识产权教育思路

创造与模仿是两个截然相反的概念,知识产权教育的根本就在于,适应儿童和学生阶段成长的特点加入相关学习内容,引导他们从模仿向创造平稳过渡。这一知识产权教育思维很重要。

高中阶段被定位成"知识产权扫盲充实期",目标是从"明白"向"能够"过渡。高中生对初中阶段了解到的事项不能只停留在知识层面,更重要的是,随着高中毕业后的不同去向,将知识产权创造循环中的知识财产的"创造""保护与尊重"和"利用"向"能够"转变。这里的"保护"是守护自己,"尊重"是指尊重他人。因此,在高中阶段应将适应知识产权创造循环的"发明""权利的保护与尊重""商品开发"等具体活动加入知识产权教育中。

另外,普通高中只学习普通教育科目,职高则兼学普通科目与专业科目,因此,涉及知识产权的教学分科和科目会存在差异,必须根据学生的兴趣、热情和关注程度,考量各方面的平衡。

2.《高中学习指导纲要》与知识产权教育的关系

在旧版《高中学习指导纲要》中,高中的工业教学科目记载了"工业所有权"这个词,但实际就专利权知识授课的学校非常有限。另外,从信息道德教育角度,"著作权"也包含在工业科目的内容中,但绝大多数的著作权教育只教授法律的解释,或指责复制与模仿的违法性。这种"禁

"止"教育很难推动对知识的创造与利用，这导致工业所有权和著作权内容在授课时零碎地出现，而将作为知识财产政策基盘的知识产权创造循环牢记在心、统合著作权与产业财产权的知识产权教育无法形成。

新版《高中学习指导纲要》的特点是，以艺术科目为代表的普通教学分科和若干专业教学分科中都提到了知识财产（表7-4）。普通教学分科的艺术、信息，以及专业教学分科的农业、工业、商业、水产、家庭、看护、信息、福祉、音乐、美术共12个科目中，都有某种形式的关于知识财产内容的记载：在信息科目中有"著作权等的知识产权"的表述；在工业分科的"工业技术基础"课程中，将表述从"简单涉及工业所有权"变为"涉及知识财产权"；在商科的"商品开发"课程中有"知识财产概要及其获取""知识财产的意义"的表述；在"经济活动与法"中也加入了获权的学习。另外，在音乐及美术等艺术科目中也开始教授以著作权为主的知识产权内容。

在新版《高中学习指导纲要》中，知识产权教育内容可以分为关注著作权、关注产业财产权、只展示知识财产等几个类别。根据教学分科和科目的不同，知识财产的提及方法也有所不同。知识产权除了分为专利权、商标权等的产业财产权和著作权两大类，还有基于种苗法的培育者权、电路配置使用权等各种权利，这些到底是什么意思，非常容易让学习者和指导者疑惑，不一定能够正确理解。因此，这要求在教学一线从事实际指导工作中指导者必须具备足够的知识储备。

表7-4 《高中学习指导纲要》中关于知识产权的内容

教学分科	科目	对应条目	具体内容
艺术	音乐Ⅰ	内容的处理（8）	注意与音乐相关的知识产权，培养尊重作品的态度
艺术	美术Ⅰ	内容的处理（6）	注意与美术相关的知识产权和肖像权，培养尊重自己和他人作品的态度
艺术	工艺Ⅰ	内容的处理（5）	注意与工艺相关的知识产权和肖像权，培养尊重自己和他人作品的态度
艺术	书法Ⅰ	内容的处理（6）	注意与书法相关的知识产权和肖像权，培养尊重自己和他人作品的态度

第 7 章　关于知识产权教育理论的探讨

续表

教学分科	科目	对应条目	具体内容
信息	社会与信息	内容的处理（2）	【信息通信网络的利用与沟通】注意信息的真实性和著作权，加入让学生自我评价的环节
信息	各教学分科指导计划的制作与内容的处理		在各科目整体内容的指导过程中，培养保护知识财产、个人信息等的信息道德
农业	农业信息处理	内容的处理（2）②	【信息道德与安全】认识信息道德与信息网络安全管理的重要性，包括对个人隐私或著作权等的知识财产的保护、对收集的信息的管理、对输出信息时的责任感等
工业	工业技术基础	内容的处理（2）①	【人与技术】涉及与工业各领域的职业资格及知识产权
工业	信息技术基础	内容的处理（2）①	学习信息道德与信息网络安全管理的方法，包括对个人隐私或著作权等的知识财产的保护、对收集的信息的管理、对输出信息时的责任感等
商业	商品开发	内容2	商品开发与知识财产：①知识产权概要，②知识产权的获取
商业	商品开发	内容的处理（2）⑤	【知识产权概要】商标权、外观设计权及著作权等的意义及简介 【知识产权的获取】知识产权的获权方法
商业	经济活动与法律	内容2	权利义务与财产权：①权利与义务，②物品与债权，③知识产权
商业	经济活动与法律	内容的处理（2）	【知识产权】知识产权的保护与运用
商业	电子贸易	内容的处理（2）①	了解提供通信线路与网络连接服务的公司的作用，以及对电子贸易中个人信息与知识产权的保护
商业	信息处理	内容的处理（1）	通过具体事例，学习对个人隐私或著作权等的知识财产的保护、对收集的信息的管理、对输出信息时的责任感等的信息道德

续表

教学分科	科目	对应条目	具体内容
水产	海洋信息技术	内容的处理（2）②	【信息道德与安全】认识信息道德与信息网络安全管理的重要性，包括对个人隐私或著作权等的知识财产的保护、对收集的信息的管理、对输出信息时的责任感等
家庭	生活产业信息	内容的处理（2）②	【信息道德】认识信息道德与信息网络安全管理的重要性，包括对个人隐私或著作权等的知识财产的保护、对收集的信息的管理、对输出信息时的责任感等
看护	看护信息利用	内容的处理（2）②	【信息道德与安全】认识信息道德与信息网络安全管理的重要性，包括对个人隐私或著作权等的知识财产的保护、对收集的信息的管理、对输出信息时的责任感等
信息	信息产业与社会	内容的处理（2）	【信息产业与法规】对信息产业中伴随的信息及个人信息的保护、著作权等知识产权及信息安全对策等有关的法规、遵守法规的意义和重要性
信息	信息媒体的编辑与表达	内容的处理（1）	根据学生及老师的实际状况，关注选择适合的应用软件，通过实际操作掌握计算机媒介的使用方法，学习著作权等知识财产知识
信息	信息内容实操	内容的处理（2）	通过实际操作，掌握著作权等知识财产的处理与发放、开发内容的流程
福祉	福祉信息利用	内容的处理（2）②	【信息道德与安全】认识信息道德与信息网络安全管理的重要性，包括对个人隐私或著作权等的知识财产的保护、对收集的信息的管理、对输出信息时的责任感等
音乐	各教学分科指导计划的制作与内容的处理		注意与音乐相关的知识产权和肖像权，培养尊重自己和他人作品的态度
美术	各教学分科指导计划的制作与内容的处理		注意与美术相关的知识产权和肖像权，培养尊重自己和他人作品的态度

3. 职高注意事项

职高的知识产权教育必须注意以下两个方面。一方面，从工业、商业、农业等职高毕业后就职的学生，一般需要拥有实战能力才能直接立足企业。不少中小微企业不一定设有知识产权部或法务部，从培养产业人才的角度，作为技术者或企业的一员，应提前掌握正确的知识产权的相关知识。另一方面，从职高毕业后升入大学接受高等教育的学生也在增加。目前，不只职高，所有的高中都希望学生提前学习基本的知识产权知识，培养学生具备相应的令人满意的技能和态度。但是从日本全国范围来看，普通高中开展知识产权教育的学校少之又少。因此，从职高升入大学的学生，应该抱着在知识产权领域占据引领地位的决心，同时希望学校的指导能给学生们这种自信。

（执笔人：世良清）

7.5 高专阶段的知识产权教育要点

1. 高专阶段的知识产权教育思路

高专阶段包括专科两年和本科五年，总计七年的时间，也就是说，学生是从初中刚毕业的 15 岁到相当于大学四年级学生 22 岁这一年龄层的年轻人，根据该学龄段学生的成长特点，可以开展实践型知识产权教育。高专作为培养实践型技术人员的学校，知识产权教育的重要性更为突出。应该明确知识、技能与态度的预期培养目标，从高专低年级开始实施与初中衔接的知识产权教育，并随着年级逐渐升高设置每学年学生应该达到的水平目标。

具体教学案例有很多，比如针对低年级学生，为了培养学生的知识产权意识，可以在实验课上加入体验古人及先辈们发明的环节，或者让学生站在技术人员角度意识到身边很多产品都是发明，也可以就实验报告或课堂报告中产生的著作权问题进行学习。针对高年级学生应做如下指导：学习自己专业领域内产品的产业财产权，在写毕业论文或做毕业研究时应该学会检索在先研究的论文和专利。接下来，在专科教育阶段，知识产权教育需要比本科要求更高，重点应该放在知识财产的产出与利用上。高专的教育重点是培养创造性，因此，建议除了在正式课程上授课以外，也要有效利用课外活动和机器人竞赛等开展知识产权教育。

2. 高专本科知识产权教育方法

根据新版《学习指导纲要》，知识产权教育在义务教育阶段已经正式启动，因此应该像义务教育阶段一样，提前编纂教学大纲。为了使高专的知识产权教育不比职高的教育逊色，有必要在低学年（一年级至三年级）实施知识产权教育时，参考《高中学习指导纲要》的精神。另外，国立高专机构制定了《模范核心教学大纲（草案）》，其中记载了知识产权教育的教学目标，应该按照这些目标推进知识产权教育。

3. 高专专科知识产权教育方法

现在，考上研究生希望继续深造的高专毕业生数量很多。所以，在面向专科生进行知识产权教育时，应该以放眼研究生的视野开展。具体来讲，在做特别研究时，应该具备检索在先研究论文和专利的能力，还应该将PBL形式的知识产权教育、专利说明书的撰写方法等作为必修课。另外，通过对知识产权管理内容的学习，能让学生更了解经营与技术的关系更具实战性。

4. 高专的著作权教育

如果高专最重要的社会使命是培养毕业后能够在企业中立即发挥作用的技术人员，那么在进行著作权教育时，应该培养学生作为企业一员有保护和尊重著作权的意识。容易造成误解的是，学校作为例外场所在教学过程中被允许使用一些他人作品，这导致学生在进入职场后，也像在校教师那样随意使用他人作品。因此，有必要在学生毕业之前让他们充分了解著作权法中关于例外规定的基本内容。

5. 国际化工程师的培养与知识产权

技术是超越国界的,学生应尽可能了解国际贸易中的"国际技术转移"、专利权壁垒中的"成套设备出口"等知识,这不仅可以加深学生对知识财产本质的理解,更可以让学生具备成为工程师的基本素养。

(执笔人:谷口牧子、本江哲行)

7.6 大学阶段的知识产权教育要点

1. 大学阶段的知识产权教育思路

大学阶段（包括本科生和研究生）的知识产权教育重点在于将学生的发展阶段（包括社会学生）与各专业领域有机结合的教育内容，以无缝衔接的形式提供给学生。大学阶段的指导要立足于"尊重知识财产的态度""知识财产相关知识与理解""意识到知识财产的创造性"这三个要素之上，但必须以"一定比例的学生将来会成为专家、将来要承担高度实践型的知识财产创造任务"为前提设置目标要求。

从具体实施方法来说，在本科生入学之初，可以充分利用新生入学指导或基础说明会普及相关教育。例如，把与他们将来就业领域有关的产品中所蕴含的发明或作品作为教材，或提醒学生在专业领域的学习中兼顾知识产权学习。在本科生专业教育阶段，以开发系学生为对象，指导他们在撰写毕业论文进行在先论文检索时进行专利检索，在此基础上对在先技术作出判断；也可以让学生在研究其他公司开发趋势的基础上，思考自己的研究战略。同样，针对社会科学系的学生，可以让他们草拟包括培育计划在内的商品战略方案；针对人文系的学生，配套指导内容管理。在研究生阶段，可以考虑以开发系学生为对象，除了在在先研究检索方面予以指导，还应该提高高度，从研究定位到草拟研究战略方案方面均给予相应指导。

2. 大学阶段的知识产权教育方法

在小学和中学教育阶段，由于在新版《学习指导纲要》中增加了知识财产相关的内容，知识产权教育的方向性和指导根基都趋于稳定。然而，在大学阶段，由于没有明确规定知识产权教育的形式和方向性，每所大学的知识产权教育都由教师自由发挥。这种教学氛围对熟悉知识产权教育的教师来说很有魅力，但为了确保与社会需求相适应，今后需要在教学方法开发方面采取对策，实现相对合理且规范的知识产权教育。

在过去实施的政策下，供知识产权专业人士、特定专业领域（医学、工学、教师培养等）或者面向全体学员（非必修内容）选修的知识产权教育内容开发已经完成。但是，截至本文执笔时间点（2013年3月），还没有大学出现全体学生必修的体系化的知识产权教育。现在，虽然社会对大学实施普及性知识产权教育的要求显著增加，但面向全体学生的全面的知识产权教育仍未普及，原因是在如下这些方面存在障碍：①就大学知识产权教育的目的与意义在全校范围内达成一致；②知识产权教育由谁担任教师；③在课程高度密集的教学大纲里如何嵌入知识产权教育；④开发与专业教育质量要求相一致的知识产权教育；⑤开发在共通教育中使用的知识产权教育教材；⑥用于教育的专利检索系统的推进。为了夷平这些障碍，有必要像在实践篇第6章第6.3~6.5节展示的那样，在原有教育的"延长线"上采取举措和新模式。

山口大学从2013年4月开始，在共通教育科目中开设全体学生必修（1学分8课时）的知识产权教育课，名为"科学技术与社会——××系学生的知识产权入门"（××表示系名）。随着授课不断推进，来自不同系别和专业的学生也逐步增加。有相关需求者可以登录山口大学教育中心官网主页"教案检索"（不需要认证）栏目参考每个系的教案。

3. 大学阶段的知识产权教育实践要点

首先，在本科入学后的共通教育阶段，以身边存在的知识财产为教材，

第7章 关于知识产权教育理论的探讨

引导学生意识到知识产权的存在，进行初步的创造性开发。在学生的专业领域设置文科理科统一的共通教育科目会更加有效。另外，如表7-5所示，此表是配合学生专业领域设计的知识产权教育出口战略课程（对象包括本科生和研究生），希望能在此基础上在专业课程领域构建知识产权教育体系。

表7-5　必须构建与专业教育水平相适应的知识产权教育体系

项目	教师培养系	综合素养系	人文系	社会科学系	开发系
修完	各项专业知识等	各项专业知识等	各项专业知识等	各项专业知识等	各项专业知识等
培养的能力	• 运用知识产权信息提高创造性和开发力 • 掌握知识产权知识，能够综合、高水平地判断社会现象 • 在内容与开发方面的初步知识产权管理能力 • 作为教师向中小学生开展知识产权教育的能力	• 运用知识产权信息提高创造性和开发力 • 掌握知识产权知识，能够综合、高水平地判断社会现象 • 在内容与开发方面的初步知识产权管理能力	• 运用知识产权信息提高创造性和开发力 • 掌握知识产权知识，能够综合、高水平地判断社会现象 • 在内容与开发方面的初步知识产权管理能力（包括基本合同实践）	• 运用知识产权信息提高创造性和开发力 • 掌握知识产权知识，能够综合、高水平地判断社会现象 • 在内容与开发方面的初步知识产权管理能力 • 品牌等的构建企划能力 • 制定知识产权战略的能力	• 运用知识产权信息提高创造性和开发力 • 掌握知识产权知识，能够综合、高水平地判断社会现象 • 在内容与开发方面的初步知识产权管理能力 • 能以当前研究开发状态为基础执行综合知识产权战略的能力
具体人员要求	• 根据学习指导纲要的要求推广并落实识产权教育的教师 • 以知识财产为教材向学生传达社会机制奥秘的教师	• 分析专利等信息、制定开发战略的管理人员 • 制定本公司内容战略的管理人员 • 新闻媒体一线等的管理人员	• 在新闻媒体一线根据正确的知识产权知识指挥报道的管理人员 • 出版界等制定并执行本公司内容战略的指挥人员	• 能在新闻媒体一线根据正确的知识产权知识指挥报道的管理人员 • 构筑品牌和制定知识产权战略的指挥人员	• 分析专利等信息、执行开发战略的技术人员 • 制定并执行本公司知识产权战略的指挥人员或最高级别的技术管理人员

（执笔：木村友久）

7.7 知识产权教育中关于知识财产的注意事项

1. 关于知识产权的注意事项

随着知识产权教育的推进，诸如中学阶段机器人制作过程中的专利模拟学习，即便不生产真正的专利，也可以激发学生和儿童挖掘各种各样的创意的积极性。此时重要的是，像对待著作权那样，指导学生准确地表述原创的创意，并互相尊重创意。能作出这种指导的基础是，指导者需要具备高度的知识产权意识。虽然目前的知识产权教学仍以著作权为中心，但今后指导者应该具有拓展意识，向包括专利权在内的产业财产权和知识产权整体知识扩展。

2. 关于著作权的注意事项

西田先生就在校教师应注意的著作权事项分成以下五大类：①针对儿童和学生进行著作权指导；②在教学指导中使用作品；③在教职员培训时使用作品；④在校务中使用作品；⑤在直接教学以外使用作品（西田，2010 年）。

关于①，由于是著作权知识的指导，所以就是指知识产权本身。

关于②，不只包括教师向儿童和学生展示和发放作品，也包括儿童和学生在调研学习时使用作品。现在学校的网络学习也非常普及，所以需要特别留意。在此类教学活动或使用作品的场合，希望也能够充分利用日本文化厅等制作的资料。

关于③，除了教育中心等举办的培训班以外，在学校内部的培训及研讨会上，在使用作品时，也应该提前做好使用许可和引用的处理。

关于④，也是指在教学活动之外的情况，使用例外规定。

关于⑤，比如向作品展投稿的情况，由于儿童和学生的每件作品都带有个人著作权，所以教师如果随意更改就会产生问题。另外，关于作品本身有没有引用等，必须确认诸如此类的与其他作品的关联。向作品展主办方让渡作品著作权时，由于每个作品展都有自己各种各样的规定，投稿时一定要提前确认投稿规定，对著作权做相应处理。

除了上面提到的这些情况，学生到了高专及大学阶段，被要求提交大量的报告，此时，特别需要注意的是对直接复制粘贴网络文章的行为进行指导。

3. 关于产业财产权的注意事项

（1）小学及初中阶段的注意事项

普遍来说，在小学和初中阶段关系到产业财产权实务的情况并不多，但是，也有在小学阶段就获取了专利权的案例，所以即便是小学生也有可能创造出优秀的发明。因此，在向以发明为对象的发明竞赛投稿时，一定要引起特别注意。

具体来讲，向发明竞赛等投稿时，如果计划申请专利权、实用新型权和外观设计权，必须在投稿前先向日本特许厅提交申请手续。根据2011年修改的日本专利法，针对发明的新颖性丧失的例外规定作出修改，不只是发明竞赛，在集会或讲座上公开的发明、在电视或广播中公开的发明，只要在规定期限内都可以提交权利申请。如果在参赛后认为发明值得申请权利，也可以利用这项规定。但是，这一规定归根结底只适用于例外。比如，如果第三人就同样的发明在先提交了申请，或者在先进行了公开，那么就必须注意专利权授予的问题。

（2）高中、高专、大学阶段的注意事项

从高中开始，特别是职高，有更多机会向日本特许厅提交专利申请。在这种情况下，关于专利权人是谁并没有像"职务发明"那样已经有固定的规则，而是根据每个学校和建校人的不同而有所区别。公立学校不具备法人资格，所以权利有时归属于都道府县知事或市镇村长，他们是建校条

例规定的建校人，有时归属于作为学校代表的校长，有时归属于做出发明的学生个人。虽然，目前还没有出现权利归属问题的诉讼案例，但是为了防止在推进知识产权教育的过程中产生不必要的纠纷，建议校方从区别于工作岗位上边拿工资边创造出的"职务发明"的角度，对在教学过程中产生的"学业发明"予以明确规定。此外，还需要特别关注未成年人专利权申请的费用减免及个人信息处理的问题。

关于高等教育机构应该如何对待产业财产权的问题，其基本注意事项，与面向小学、初中、高中阶段的学生的注意事项相同。

毋庸置疑，如果大学或高中的学生将自己的创意直接提交申请，那么获得的专利权、外观设计权，将比义务教育阶段的儿童和学生多很多，质量也更高。因而，建议此发明如果是学生独立完成的发明，权利应该归属于学生个人。在直接接触产业财产权创造机会较多的系和学科，首先让学生意识到自己就是正当权利人的指导很重要。

在这个阶段，学生参加以发明专利和外观设计专利竞赛为主的各种竞赛的机会也大大增加，在参加机器人竞赛、学会发表、研究论文公开等场合公开自己创意发明的机会也同时增加。根据修改后的《日本专利法》第30条关于新颖性丧失的例外规定，学生为了保护自己的权利，可以利用这一法条。指导者应该就如何保护自己的权利进行指导，并阐述《日本专利法》第30条内容。另外，从实际社会需求角度，迫在眉睫的是针对知识产权创造循环的意义、推进贸易发展、为进一步创造知识财产而获得资金的许可契约等的指导。

处于高等教育阶段的学生，在法定年龄上仍是未成年人，关于权利的申请、权利的让渡契约和许可契约等，他们还不能独立实施法律行为，指导者应该非常注意保护他们的权利不受到侵犯。

（执笔人：村松幸浩、世良清、谷口牧子）

参考文献

西田光昭（2010）「第 7 章 教員が留意すべき著作権」『教育の情報化と著作権教育』三省堂，pp. 42 - 47

第 8 章
对未来知识产权教育的展望

前述各章节就知识产权教育的现状、先进举措、知识产权教育的理论研究及其方向性进行了探讨。本章作为最后的章节，对未来知识产权教育的发展进行阐述，内容包括三个方面，并体现作为本书编撰方的日本知识产权协会知识产权教育分会能发挥的作用。

1. 推进与中两韩国知识产权教育的交流

首先，就与中国、韩国的知识产权教育交流进行阐述。在本书第 2 章知识产权教育趋势部分也提到，进一步加强与中国、韩国知识产权教育的合作至关重要。这两个国家，今后与日本将不只在产业方面，而且在各种社会活动方面都将相互影响，同时，这两个国家在知识产权领域也是重要的国家。从这种意义上讲，加强中日韩三国合作，不只是知识产权教育相关人士互相交流，或仅就教育方法交换意见，而应该通过对知识产权教育的相互理解，促进加深彼此对知识产权的认识。其原因在于，对知识产权认识的差异会强烈地反映在教育上，同时，这种认识上的差异往往会成为国与国之间产生各种摩擦的重要因素。知识产权教育与其他领域的教育是有差别的，也可以说知识产权教育是一种重要的社会教育。另外，加强中日韩知识产权教育交流，对于促进知识产权人才培养也非常重要。日本知识产权协会与京都大学、东京大学于 2009 年 11 月联合举办了亚洲知识产权学术会议，其主题报告《从学院角度向日美欧三国知识产权研讨会建言》（东京大学政策展望研究中心，2010年）中的"6. 开展与知识产权人才培训相关的国际合作与交流"提到，"应该以知识财产制度的国际合作为基础，开展知识产权人才培养的国际合作与交流，并就知识产权教育学的国际研究进行交流"，知识产权教育国际交流的发展值得期待。

下面将简单介绍迄今为止的具体交流情况。首先，在中日两国间的交流值得一提的项目有三重大学教育系的松冈老师和世良老师团队针对中国知识产权教育做的调查研究（世良，2010年），目前正在积极推进的与内蒙古师范大学（松冈、吉日，2010年）、重庆大学等的合作。其中，作为与重庆大学交流的成果，2013年在中国重庆大学举办了"知识产权人才培养国际研讨会——知识产权人才与企业管理"。在这次研讨会上，中日双方就两国知识产权教育的实施状况、未来知识产权教育的方向、知识产权教育领域的产学结合进行讨论，这将是加强知识产权教育相互理解的最好的平台。因此，知识产权教育分会也将深化加强知识产权教育领域的合作、推进和利用。

关于与韩国的交流，在高中，特别是职高的教师之间的交流取得一定进展。韩国在中等教育阶段推行了由韩国特许厅主导的各种先进尝试（南，2011年），这对日本知识产权教育的开展特别有参考作用，希望今后通过日韩交流体制，相关人士可以进行意见交换和信息交换。相信通过这些国际合作，将促进日本知识产权教育的蓬勃发展。

2. 培养优秀的知识产权教育人才

培养"胜任知识产权教育的人才"是知识产权教育一项重要的内容，这里将简单介绍有代表性的案例，并就未来发展进行探讨。

在小学、初中开展知识产权教育时，在教师培养系，或针对有志成为教师的学生进行知识产权教育很重要。关于这一点，在第2章第2.4节介绍过山口大学的实施状况，三重大学、大阪教育大学也有具体实施案例。但是，在其他学校的教师培养系的普遍状况是，著作权这样被公认为培养教师的重要要素，也仅是在信息相关的课程上稍作"介绍"，现实与理想的差距很大。知识产权教育分会考虑今后督促教师培养系的教师积极参

第8章 对未来知识产权教育的展望

与,加强对知识产权教育的关注度。

对于进行现场教学的教师,可以在一般教师培养计划和教师执照更新过程中贯彻学习。关于这一点,这里将简单介绍两个案例,分别是信州大学和三重大学实施的项目。首先,就信州大学教育系开展的"教师学习体验型知识产权学习指导方法的培训"项目(村松、森山,2011年)进行介绍。该项目针对的对象是初中技术科教师,培训内容是为教师提供思考知识产权指导法的机会。

培训以小组分工形式开展,具体流程如图8-1所示。该培训设置的主要内容有:让学生了解语言在技术方面的重要性,学习创意表达技法的实操,将身边日常物品如易拉罐瓶盖所蕴含的创意从"课题""手段""效果"三个方面表述出来的实操。在创意挖掘实操课的培训上,让每名教师分别填写图8-2、图8-3所示的卡片,请几个人发表并共享所有人的成果。培训后的调查表明,受训教师表示对体验型的知识产权学习有了一定的概念,对体验型的知识产权学习的指导有了信心等,培训效果显著。

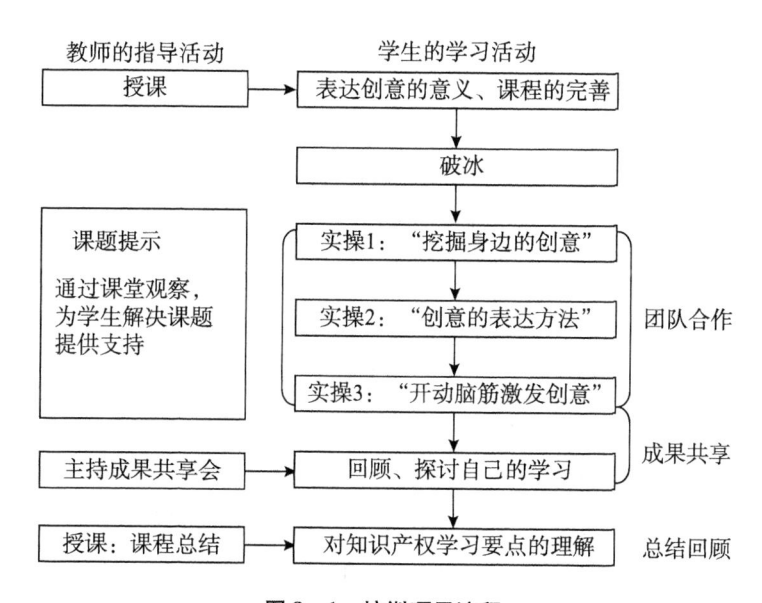

图8-1 培训项目流程

创意挖掘记录表　姓名	创意挖掘记录表　姓名
1.分析的对象物是什么？ 　易拉罐瓶盖 2.这个创意的课题（目的）是什么？（"为了……"） 　易开，并且拉环不脱落 3.通过这个创意实现的效果（"能……"） 4.用图示和文字说明创意的内容（材料、形状、组合方法等） 5.给创意命名	1.这个创意的课题（目的）是什么？（"为了……"） 2.通过这个创意实现的效果（"能……"） 3.用图示和文字说明创意的内容（材料、形状、组合方法等） 4.给创意命名

图 8-2　创意挖掘记录表　　　图 8-3　创意挖掘记录表

2009 年实施了教师执照更新制度，其目的是促进"教师随时保持必需的资质和能力，定期掌握最新的知识与技能，自信又自豪地站在讲台前，赢得社会的尊重与信任"[①]。在现代社会，教师能力的更新越来越被重视，因此，在教师执照更新学习上，加入迄今在培训中很少提及的知识财产以及知识产权教育的内容，也符合教师执照更新制度的宗旨。在这方面，三重大学制作了 6 小时的"学校与知识财产"课程，可以作为教师执照更新学习的教学科目指导、学生指导以及其他教育的充实事项，向小学、初中、高中以及特殊援助学校的教师提供。从实际效果看，很多类别的学校的教师都参加了这方面的学习，显示出极大的关心。授课内容为："从两个层面讲，教师须具备知识产权相关基础知识。一是从学校业务方面考虑，发给学生的教具、教材和开设网页等将涉及著作权问题；二是知识产权教学本身的内在要求，不仅需要具备著作权知识，还需要具备专利等更大范围的产业财产权的知识。本教学案例总结了知识产权教学过程中需要注意的事项，并用具体实例加以阐述。"可见，教学目标正是现代教师被期望具备的资质。具体授课内容安排如下：

---

① 文部科学省"教育执照更新制的概要"，http://www.mext.go.jp/a_menu/shotou/koushin/001/1316077.htm。

9：00—10：00	1. 概要说明、著作权
10：30—11：50	2. 产业财产权
13：00—14：20	3. 创意、申请书撰写
14：30—15：50	4. 知识产权教育的趋势

值得一提的是，上面第 3 节课"创意、申请书撰写"，虽然安排的时间短，但课堂上安排受训教师展开创意，根据创意撰写申请资料等实践，让教师切身感受到发明是一件快乐的事情。

根据课前向受训者做的意向调查问卷发现，教师还是希望关于著作权的内容较多，比如"在现场教学中，著作权问题是比较麻烦的部分，实际操作中特别受困扰"。教师特别在意的关注点还是诸如"想听到哪里可以、从哪开始不行的具体解释""希望以能确认小学及初中的现场教师在何种程度上是违法行为的内容为中心"一类的问题，即可以与不可以、违法与不违法的问题，而似乎并不是对著作权、知识产权制度本身的关注。因此，这里介绍的关于创意的培训内容，能有效地提高受训者（教师）对发明及作品的关注，进而提高对制度的关注与理解。事实上，特别是对初中及以下的教师，"创造""想办法"这样的词虽然经常在学校教学中出现，但是像三重大学这样在教师执照更新学习上，将创意与发明在现实中结合在一起的培训，还非常新鲜。将这类教师执照更新学习内容广泛地向其他大学推广非常重要，知识产权教育分会也将这一课题的探讨纳入考虑之中。可以具体施行的举措有：编制诸如基础培训教材一样的材料，并将其分成基本内容和具有各大学特色的内容分别进行普及，让属于知识产权协会会员的各大学能够容易操作。

3. 构建知识产权教育网络

《学习指导纲要》中针对一般儿童和学生的知识产权教育，像世良老师（2012 年）总结的那样，一般出现在信息或美术等这样的普通科目中，主要以提及著作权的形式出现，而对专利等知识产权本质等的学习机会还比较匮乏。《学习指导纲要》中记载"促进学生通过伦理、社会、文化、政治、法律、经济、国际社会等多角度理解现代社会，着眼于自己与现代社会的关系，考察人类在现代社会的生存方式"，让人惊讶的是，在这里并没有出现"知识财产"。今后，必须开发与这些观点相结合的教材，并希望能进一步向公民课扩展。另外，对于与知识产权容易结合的理科或公民课、社会课，有必要让任课教师更了解知识产权与知识产权教育的现状，这也是知识产权教育分会的课题。

综上，关于知识产权教育的推进和普及，依然是"教育人才的培养"中的"培养"最为重要。据此，编辑本书的日本知识产权协会知识产权教育分会的同事一致认为，知识产权教育相关人士形成网络化将发挥重要作用，知识产权教育分会在这方面也承担着非常重要的使命。因此，知识产权教育分会不只是知识产权协会的分会之一，而是像附录A里介绍的知识产权教育分会的事业那样，正在全国各地挖掘有特色的知识产权教育及实践。为了构建教育网络，分会自设立以来，每年在全国循环举办4次知识产权教育研讨会，共享信息。自2013年1月至今，已经举办研究会议总计25次，实现了在全国纵横推进。在研讨会上，发言人包括从小学到初中、高中、高专、大学的老师，甚至还有企业参与者，可以说研讨会是所有与知识产权教育相关的人士都来做主题发言的非常独特的活动。一般，在其他教育分科的知识产权教育，往往会出现注重理论的大学教师和成为实践主体的学校教师的两大流派，但在知识产权教育分会，大学教师也会就教学一线状况进行实践和研究。在上述群体广泛参加的友好环境下，网络在横向（地域间）和纵向（各阶段学校间）上均得以拓展。对关心知识产权的本书的读者，请参加知识产权教育分会的研讨会，加入知识产权教育分会的邮件群还将获得更多信息，请用下面的网址与我们联系：日本知识产权协会事务局电子邮箱地址：office@ipaj.org。

最后，关于知识产权教育，还应该重新评价"人才培养"和"教育"的关系。也就是说，"教育"是与人格形成有关的行为，也是构筑"人才培养"的基础部分，可以说知识产权教育担当着知识产权人才培养的重任，知识产权立国的关键所在也是"知识产权教育"。如果通过阅读本书，能让知识产权各条战线的同仁认识到知识产权教育的重要性，加强对知识产权教育的关注，将深感荣幸。在本书撰写之际，第46次众议院总选举正在举行，政权政党将产生变化，这些变化将对知识产权或知识产权教育产生怎样的影响，日本知识产权协会知识产权教育分会全体工作人员将满怀期待地进行跟踪分析。

（执笔人：片桐昌直）

参考文献

東京大学政策ビジョン研究センター（2010）「アジア知財学術会議開催報告書」http://pari.u-tokyo.ac.jp/event/report/smp_rep091112_AIPC.pdf（2012/12/28 最終確認）

世良清（2010）「中国の知財教育の動向—日中の知財教育の連携可能性に向けた基礎的考察—」愛知淑徳大学『現代社会研究科研究報告』第 5 号，pp. 159 - 169 http://www2.aasa.ac.jp/graduate/gsscs/reports01/PDF/05-012.pdf（2012/12/28 最終確認）

松岡守・吉日嘎拉（2010）「日本"制物教育"及知识产权教育」（日本のものづくり教育と知的財産教育），内蒙古師範大学学報（教育科学版），内蒙古師範大学，第 23 巻第 4 期，pp. 148 - 150

ナム・ホヒョン（2011）「韓国における知的財産教育の傾向」『パテント』第 64 巻 14 号，pp. 25 - 39 http://www.jpaa.or.jp/activity/publication/patent/patentlibrary/patent-lib/201111/jpaapatent201111_025-039.pdf（2012/12/28 最終確認）

村松浩幸・森山潤（2011）「体験的知財学習に関する技術科教員研修プログラムの開発」信州大学『教育学部研究論集』第 4 号，pp. 191 - 201

世良清（2012）「新学習指導要領と知的財産—知財教育研究の発展に向けて—」『IP マネジメントレビュー』第 5 号，pp. 14 - 22

附录 A
日本知识产权协会知识产权教育分会

日本知识产权协会于 2002 年 10 月成立，最初以孕育知识财产的研究者、使用知识财产的企业经营者为主，并广泛邀请社会各界关注知识产权的人士加入。该协会目标是振兴以需求为导向的知识产权学，就科学技术及内容的创造、保护和运用进行探讨，围绕法律、经济、经营、国际关系理论等跨学科领域开展研究活动。截至 2013 年 1 月，该协会共发展成 11 个领域的分会，包括知识产权人才培养研究分会、产学联合与创新分会、生命科学分会、知识产权会计与经营分会、知识产权教育分会、亚洲知识产权及创新分会、知识产权专家研讨分会、贸易与知识财产及知识产权法研究分会、内容与管理分会、三维内容分会、设计与品牌战略分会。其中，知识产权教育分会加入了很多技术人员教育、产业教育、创业家教育和师资培养等现代教育所需的新鲜角度，联合教育学研究人员、教学一线的教职员、从事职业教育和社会教育的相关人士，在初等、中等教育到专家培养阶段普及推广空白的知识产权教育内容，深化日本的知识产权教育改革。分会成员目前已经超过百人，包括众多知识产权人才培养或知识产权教育的资深研究者和实践者。

日本知识产权协会成立 5 年后，由松冈先生、片桐先生、冈田先生、世良先生 4 位老师发起，于 2007 年 2 月成立知识产权教育分会。协会理事之一井口先生在政策研究大学院大学举办了剪彩会议，为分会成立发声。在此之前，日本知识产权协会在知识产权教育研究领域还是空白，在协会举办的每年一次的学术发表会上，从未有过知识产权教育研究的报告或环节，只能在知识产权人才培养领域感受一丝相关气息。无论是知识产权人才培养还是知识产权教育，其共同点是向社会普及知识财产知识。但是，二者面向的教育对象却是迥然不同的，差异在于是以知识产权专家或高水平的知识产权指导者为对象，还是以培养社会大众具有知识产权意识的教育者为对象。在人才培养领域里混杂的与知识产权教育有关的研究和实践报告，引起很多听众的关注，这也成为设立知识产权教育分会的原动力。后来，篦原先生、木村先生、谷口先生、本江先生、村松先生相继加入，作为分会干部于每年2月组织会议，探讨年度报告和计划方案，并由这些干部推荐新人，最后形成由理事和干部组成的总计17人的队伍，开始正式运营分会。分会的成员理事和干部遍及全日本，从北海道、东北地区直至九州、冲绳，这也成为分会的一个特色。

分会成立以来，以构建知识产权教育网络活动为目标，在全国各地挖掘独特的知识产权教育形式和教育实例，每年在全国各地巡回举办4次知识产权教育研讨会，并在协会的年度学术研究发表会上共享信息，稳步推进知识产权教育和构建教育网络。

截至2012年9月，"知识产权教育研讨会"（参见附录B）已经举办24期，2013年在九州和四国岛举办之后就实现了纵跨日本全国的宏图。另外，分会从2010年开始又开发了新业务，即在全国举办了3次"知识产权教育讲座"。前者以学术教育研究者为主，后者以教学一线的教师和学生为主，总之，分会希望通过各种努力实现知识产权教育在各学校、各区域得以普及和推广。另外，分会还从知识产权教育方法和教材方面，斟选主题，举办讲座，邀请专家以演讲、实操、实务交融的方式授课等，通过多种形式推进知识产权教育工作。

在协会年度学术研究发表会的教育分会环节，加入了专题小组讨论会或圆桌会议等形式。在专题小组讨论会上，由在实践中成绩斐然的教师积极发起倡议，共享信息。同时，在圆桌会议上，出席人员就共同课题进行深入探讨，制定今后的方向性政策。2011年，会议还邀请到来自中国和韩国的发言人，三方以"构建亚洲知识产权教育网络"为主题交换了意见，并对未来进行展望。会议认为，未来的知识产权教育不能仅局限于日本国内，而应该跨越国界，以中国和韩国等亚洲国家为中心，与海外各国联合推进知识产权教育数据库建设,构建常态化研究交流机制,并在国际知识产权教育网络中发挥引领作用。2012年度的圆桌会议,就什么是知识产权教育和知识产权教育面临的问题进行了深入讨论,并达成一些共识。

  在日本,文部科学省负责初中和高中学习指导纲要的修订,其中逐步出现了知识财产相关的内容,这体现了日本在知识产权教育方面迈出了新的一步。今后,知识产权教育分会仍将以推广普及知识产权教育为目标,面向日本全国各地的学校和区域,共享优秀的教育研究成果和教学实例。

附录 B
"知识产权教育研讨会" 研究与实践成果一览

● 第 1 回知財教育研究会（2007.2.3／政策研究大学院大学）

「知財教育の必要性―産学連携・共同研究，発明の権利化，利益相反―」井口泰孝（八戸高専）

「小学校における絵本を用いた知財（発明・発見）啓蒙教育」西村由希子（東京大学）

● 第 2 回知財教育研究会（2007.3.4／三重大学）

（三重大学の現代／知財教育 GP との合同企画）

「デジタルアーキビストの養成―文化情報の創造，保護，管理，流通利用を支援する―」谷口知司（岐阜女子大学）

「『天下の飴』を中心とする商品開発における知財教育」加藤千景（愛知県立岡崎商業高等学校）

「中学校技術・家庭科における知財学習の実践と展開」村松浩幸（三重大学）

「ベールマークを用いた特許実践の検証と報告」宮間敬（四日市市立港中学校）

「全学的な知的財産創出プログラムの展開」松岡守（三重大学）

● 第 3 回知財教育研究会（2007.5.26／東北大学）

「発明クラブと起業教育の融合」渡邊忠彦（仙台市教育委員）

「平成 18 年度現代的教育ニーズ取組支援プログラム（現代 GP）「早期創造性教育と知財教育の連携と統合」への取組について」伊藤昌彦（宮城工業高専）

「学校教育等における発明創造技法等の活用」松原幸夫（新潟大学）

「商業高校における商品開発を通した知財教育の実践と展望」世良清（三重県立四日市商業高等学校）

● 第 4 回知財教育研究会（2007.9.29／大阪教育大学）

「中校総合的な学習における知的財産教育の構想と実践―わたしたちが考えた防災・震災グッズ―」植田恭子（大阪市立昭和中学校 前任校天王寺中学校）

「発想能力教育とアイデアマラソンの提案」樋口健夫（アイデアマラソン研究所）
「帝塚山大学法政策学部・研究科における知的財産教育」小柴昌也（帝塚山大学）
「知的教育のための感性価値創造授業の提案と実践」小林意（大阪教育大学大学院 教育学研究科 技術教育専攻），山本勇（大阪教育大学）
「情報系学部における知財教育の位置」砂金伸一（山本秀策特許事務所）
「大阪教育大学における知的財産教育の現状」片桐昌直（大阪教育大学）

● 第5回知財教育研究会（2007.11.10／山口大学）
「我が国の知的財産戦略と人材育成」平岩正一（内閣官房知的財産戦略推進事務局）
「日本弁理士会の知財教育の支援活動紹介」井上春季（日本弁理士会知的財産支援センター）
「日本及び諸外国における標準化教育の現状／慶應義塾大学 DMC 機構における標準化人材育成プロジェクトの試みと実践」上條由紀子（慶應義塾大学デジタルメディア・コンテンツ統合研究機構）
「創造性を育む「知的財産教育」の実践」満丸浩（鹿児島県立加治木工業高等学校）
「今治工業高校における知的財産教育」内藤善文（愛媛県立今治工業高等学校）
「島原農業高校における知的財産教育」陳内秀樹（長崎県島原農業高等学校）
「高校における知的財産教育の課題と展望」篭原裕明（福岡県小倉工業高等学校）
「0ベースからの知財力強化教育」島野哲郎（宇部興産株式会社知的財産部）
「学習指導要領の目標と内容に沿った知財教育」木村友久（山口大学大学院技術経営研究科）
「理工学系学生向け実戦的知的財産教育」堤宏守（山口大学大学院医学系研究科）

● 第6回知財教育研究会（2008.2.2／政策研究大学院大学）
「中学校技術科における知的財産権学習のためのDVD教材の開発と評価」勝浦莉津子（三重大学教育学部）
「アントレプレナーシップ教育（起業育成教育）における中学生のことばの力の変容」高橋薫（お茶の水女子大学），村松浩幸（信州大学），金隆子（米沢市立南原中学校），金俊次（米沢市立第七中学校），村岡明（㈱ジャストシステム），椿本弥生（東京工業大学），堀田龍也（メディア教育開発センター）

● 第7回知財教育研究会（2008.5.31／信州大学）
「富山高専での知財マインド醸成のための取組」本江哲行（富山工業高等専門学校）
「アイデアポイント制による知財学習の教育効果」土田恭博（中高・飯水技術・家庭科教育研究会）

附录B　"知识产权教育研讨会"研究与实践成果一览

● 第 8 回知財教育研究会（2008.9.20／琉球大学）

「OKINAWAN DREAMS」宮里大八（琉球大学産学官連携機構・沖縄 TLO）

「技術職員から見た知財教育」伊藤通子（富山工業高等専門学校）

「どきどきわくわく私だけの財産」髙良貴美子（那覇市立大名小学校）

「知財教育に係わる本学科（工業化学科）の取組状況」知念豊孝（沖縄県立沖縄工業高等学校）

「琉球大学の知的財産」小野寺徳郎（琉球大学産学官連携機構）

● 第 9 回知財教育研究会（2008.11.24／椙山女学園大学）

「実践的な知財教育として学生が進める商店街活性化活動」加藤実里（椙山女学園大学現代マネジメント学部）

「日本弁理士会東海支部の教育支援活動」松浦喜多男（日本弁理士会東海支部教育機関支援機構）

「奇跡のフルーツ"カクメロ"の創出と知財教育実践の課題」加藤俊樹（愛知県立渥美農業高等学校）

「知財教育を推進するための課題の整理」世良清（三重県立四日市商業高等学校）

● 第 10 回知財教育研究会（2009.2.1／弁理士会館）

「中学校技術科の授業で利用できる知的財産教育題材集の提案」加納範昭（大阪教育大学大学院技術教育専攻），山本勇（大阪教育大学技術教育講座）

「重慶知識産権学院の事例を通して見た中国知的財産教育の現状」陳愛華（重慶大学）

「知的財産権入門講座の実践と課題」波多江茂樹（港湾職業能力開発短期大学校横浜校）

「旭川高専における知財教育の試み─北海道のパテントデバイド解消を目指して─」谷口牧子（旭川工業高等専門学校一般人文科）

「特許庁の知財教育研究の経緯」安井寿儀（特許庁総務部企画調査課）

「新しい高等学校学習指導要領案を検討する─知財教育の観点から─」世良清（三重県立四日市商業高等学校）

● 第 11 回知財教育研究会（2009.5.23／パレブラン高志会館）

「富山高専における知財教育の現状と課題」本江哲行（富山工業高等専門学校）

「富山県の中学校での知財教育の取組」干場耕太郎（氷見市立南部中学校）

「TEPIA 知的財産国際交流会議の報告」松岡守（三重大学）

「鈴鹿高専における知財教育の取り組み」兼松秀行（鈴鹿工業高等専門学校）

●第 12 回知財教育研究会（2009.9.27／旭川工業高等専門学校）

「発明のライフサイクルに応じた教育方法」土田義之（旭川工業高等専門学校）

「中国におけるものづくり教育と知財教育の現状」JIRIGALA（中国内蒙古師範大学（三重大学外国人研究員），松岡守（三重大学），吉岡利浩（三重県津市立久居中学校），張偉（内蒙古師範大学），呼力雅格其（内蒙古師範大学），王文梅（中国呼和浩特市教研室）

●第 13 回知財教育研究会（2009.11.22／くらしき作陽大学）

「商標を活用した名古屋市桜山商店街の活性化の背景と学生の活動」岡田広司（椙山女学園大学現代マネジメント学部）

「法教育という新しい視点での商業教育における知的財産教育」福岡明広（岡山県立倉敷鷺羽高等学校）

「島原農業高校における知財教育の実践―科目への導入と課外における農高・工高・地域連携―」陳内秀樹（長崎県立島原農業高等学校）

「高校における知財教育と期待するもの」篭原裕明（前福岡県立小倉工業高等学校）

「日米欧三極知的財産シンポジウムとアジア知財学術会議の報告」松岡守（三重大学）

●第 14 回知財教育研究会（2010.1.30／コラボ産学官 in TOKYO）

「中学校技術科におけるクリエイター視点に立った知的財産学習の実践」土田恭博（長野県中野市立中野平中学校）

「高専低学年の知財教育に関する諸問題」谷口牧子（旭川工業高等専門学校）

「地場産品を活用した『名古屋の地域ブランド』の創生に向けての調査報告」世良清（三重県立四日市商業高等学校）

●第 15 回知財教育研究会（2010.5.29／三重大学）

「四日市のブランドとまちづくり」小林万甫子・阪本敦美・高尾亜梨紗（三重県立四日市商業高等学校生徒），世良清（三重県立津商業高等学校）

「大阪教育大学，知財 GP，その後の知財教育について」片桐昌直（大阪教育大学）

「"高校・高専の知財教育の事例集"の制作の取り組み」篭原裕明（前福岡県立小倉工業高等学校）

「技術科における協同学習法を導入した創造性を伸ばす指導法」吉岡利浩（津市立久居中学校）

附录B　"知识产权教育研讨会"研究与实践成果一览

●第16回知財教育研究会（2010.9.25／八戸工業高等専門学校）

「旭川高専発明研究会の活動と今後の課題」長嶋啓太（旭川工業高等専門学校専攻科応用化学専攻2年）

「仙台高専における創造性教育と知財教育の連携について―名取キャンパスの取組状況を中心として―」伊藤昌彦（仙台高等専門学校）

「発明工夫プリントの分析と今後の課題」藤田光幸（青森県八戸市立下長中学校）

「パペットロボットの製作と発表会―技術と家庭の本格コラボによる幼稚園訪問―」下山大（青森県八戸市立東中学校）

●第17回知財教育研究会（2010.11.6／大阪教育大学）

「中国における労働技術教育の動向―中国と日本が相互に学ぶこと―」単玉梅（三重大学教育学部研究生），小林万甫子（三重県立四日市商業高等学校生徒），松岡守（三重大学），JIRIGALA（内蒙古師範大学），世良清（三重県立津商業高等学校）

「知的財産管理技能検定1級コンテンツ専門業務と高校，高専の学生向け知財に関する新検定制度」近藤泰祐（知的財産教育協会）

「知財教育におけるシナリオ型ゲームの活用」村松浩幸（信州大学）

●第18回知財教育研究会（2011.2.27／玉川大学）

「企業における知的財産教育―A社の初心者向け知財教育の事例発表―」中村良治（㈱ニフコ知的財産部兼人事部教育センター）

「子供たちの特許出願疑似体験を通じた社会性の体得」廣田浩一（山の手総合研究所）

「弁理士会の小中高支援活動」岩永勇二（平田国際特許事務所）

「『知的財産推進計画』にみる知財教育の動向」世良清（三重県立津商業高等学校）

●第19回知財教育研究会（2011.5.15／山口大学大学院技術経営研究科福岡教室）

「博物館と学校教育の連携における知財教育知的財産教育」甲斐麻純（三重大学大学院教育学研究科），松岡守（三重大学）

「小学校における工夫を要するものづくりと連携させた知的財産教育」田中宏貴（三重大学教育学部），松岡守（三重大学）

「学部1，2年次生のプロジェクト学習型の科目における知財教育」松石正克（金沢工業大学）

「中国内モンゴル訪問での日本の知財教育を含めたロボット製作学習の紹介」吉岡

利浩（津市立久居中学校）

「中国の知的財産に関する教育のテキスト（初級編）について」片桐昌直（大阪教育大学），張栩（Ko CHO）（大阪教育大学自然研究）

「九州内の専門高校における知財教育の現状」篭原裕明（全国知財創造教育研究会），古谷浩伸（福岡県立小倉工業高等学校），安藤新（指宿市立指宿商業高等学校），陣内秀樹（長崎県立島原農業高等学校）

● 第20回知財教育研究会（2011.9.17／名古屋市立大学）

「生物多様 COP10 と知財：発展途上国における人材育成の課題」香坂玲（名古屋市立大学）

「高校生ものづくりコンテスト作品製作によるものづくりへの意義」小林万甫子（三重大学教育学部），世良清（三重県立津商業高等学校），松岡守（三重大学）

「知財関係者の知っておきたいリスク管理—研究現場での発明者認定問題と研究者を守る研究ノートの正しい活用法—」佐田洋一郎（山口大学）

「地域の商店街を活性化するマーケティングイノベーション—桜山商店街の事例—」岡田広司（椙山女学園大学）

● 第21回知財教育研究会（2011.11.20／西条産業情報支援センター）

「特許公報有効活用による技術知識習得—既存知識から新技術アイデア発想へ—」牧野逸夫（北陸先端科学技術大学院大学）

「ツーステップアイデア発想方法」上田育弘（BFベストフレンド国際特許商標事務所）

「本校における知財教育の実践—平成23年度知的財産に関する創造力・実践力開発推進事業に参加して—」徳永憲三（大阪府立農芸高等学校）

「地域の子どもたちの創造性を育む教育の模索—知財を教材とした実践事例と提案—」内藤善文（愛媛県立東予高等学校）

「日本弁理士会パテント原稿『知財教育の現状と今後の動向』執筆報告」井口泰孝，世良清，松岡守，村松浩幸，篭原裕明，本江哲行，谷口牧子，木村友久，岡田広司，片桐昌直（知財教育分科会幹事）

● 第22回知財教育研究会（2012.1.21／放送大学）

「東工大での理工系大学院生への研究者目線の特許論文等知財講義の実践例」吉本護（東京工業大学大学院総合理工学研究科）

「知的財産管理技能検定のご案内」近藤泰祐（知的財産教育協会）

「知財教育研究会での研究・実践発表に見る知財教育の進展（続報）」世良清（三

重県立津商業高等学校)

●第23回知財教育研究会（2012.7.1／東北工業大学一番町ロビー）

「ネット情報を利用した実践的知財教育の事例紹介」木村友久（山口大学）

「特許制度から学ぶ発展へのアプローチ―発明保護の観点から―」牧野逸夫（北陸先端科学技術大学院大学）

「ものづくり教育の過程の中での不適合・問題点発見からの発明を見出す学生・教員一体の知財教育」小杉淳（釧路工業高等専門学校），土田義之（苫小牧工業高等専門学校）

「イノベーション志向型コーチングの可能性」貝原　巳樹雄（一関工業高等専門学校）

「知財教育―被災地からの発信―」油谷弘毅（宮城県水産高等学校），渡部剛実（宮城県農業高等学校）

「研究者の知財マインド―長期にわたる製品開発―」渡部順一（東北工業大学）

●第24回知財教育研究会（2012.9.30／三重県立津商業高等学校）

「プレス装置を具体例とした出願から権利化まで」上田育弘（ベストフレンド国際特許商標事務所）

「いい商標がうかんだら，製品にしよう！」水谷節子（うかりゃーせ）

「特許等の出願時における未成年者をめぐる諸問題」谷口牧子（旭川工業高等専門学校）

「ロボット製作において省エネを意識させた中学生 Jr. 特許実践の紹介」村松浩幸（信州大学）

「日中韓における知財教育交流（速報）」世良清（三重県立津商業高等学校），松岡守（三重大学），小林万甫子（三重大学教育学部），錦秀（三重大学大学院教育学研究科）

●第25回知財教育研究会（2013.1.27／オリンピック記念青少年センター）

「日中知財教育国際ワークショップ開催に向けて」廖氷（Liao Bing）（重慶大学経済与工商管理学院 副院長・副教授），紀暁麗（Ji Xiaoli）（重慶大学経済与工商管理学院・教授），陳愛華（Chen Aihua）（重慶大学経済与工商管理学院・講師）

「知財教育東海大学モデル―幼稚園のTIP ― WEEKから知財オリンピックまで―」角田政芳（東海大学）

「大学における知財教育必修化の課題と対策」木村友久（山口大学）

「高専におけるパテントコンテスト・デザインパテントコンテストの意義―クラブ活動を中心に―」小山内達哉・高橋良太（旭川工業高等専門学校学生），谷口牧

子（旭川工業高等専門学校）

「知財経営教育の在り方に関する一考察— RBSの開講科目「知的財産論」を素材に—」張輝（立教大学大学院ビジネスデザイン研究科）

「中国の児童・生徒向け知的財産教育テキスト内容構成」錦秀（三重大学大学院教育学研究科院生），世良清（三重県立津商業高等学校），松岡守（三重大学）

(2013.1. 現在)

附录 C
知识产权教育相关文献与资料清单

●1. 知財教育の政策に関する文献・資料————
- 知的財産戦略本部：知的財産推進計画 2012 http：//www.kantei.go.jp/jp/singi/titeki2/kettei/chizaikeikaku2012.pdf（2013/02/10 最終確認）
- 知的創造サイクル専門調査会（2006）「知的財産人材育成総合戦略」

●2. 知財教育の実践に関する文献・資料————
(1) 大学関係の取り組み
- 三重大学（2008）「現代的教育ニーズ取り組み支援プログラム（現代 GP）全学的な知的財産創出プログラムの展開」
- 三重大学（2006）「大学における知的財産教育研究，平成 17 年度特許庁受託研究報告書」
- 東海大学（2005）「平成 16 年度『大学における知的財産教育研究』報告書」
- 大阪教育大学（2005）「平成 16 年度『大学における知的財産教育研究』報告書」
- 大阪教育大学（2007）「現代的教育ニーズ取り組み支援プログラム（現代 GP）知財教育のできる教員養成システムの構築」
- 京都教育大学（2008）「現代的教育ニーズ取り組み支援プログラム（現代 GP）知的財産創造・活用力を育成する教員の養成」
- 三重大学（2008）「平成 19 年度大学知財研究推進事業　初等・中等教育における知財教育手法の研究報告書」
- 山口大学（2007）「大学における知的財産教育研究，平成 18 年度特許受託研究報告書」
- 山口大学（2009）「知的財産教育教本第 1 版―教職を目指す学生への実践的知財教育の展開―」（小中高関係の取り組み）
- 東海大学知的財産教育テキスト編集委員会（2008）「出る杭を伸ばせ！―明日を変える創造性教育―」，発明協会

(2) その他
- （社）発明協会（2006）「IP カルチャー指導事例集」
- （独）工業所有権情報研修館：産業財産権テキスト・教育用副読本等について，(2009) http：//www. inpit. go. jp/jinzai/educate/kyouzai/ （2010/06/10 最終確認）

●3. 海外の知財教育に関する文献・資料————
- （社）日本国際知的財産保護協会（2002）「第 3 章調査結果—各国別状況—米国，各国工業所有権教育の実態調査」，平成 13 年度特許庁委託工業所有権制度各国比較調査研究等事業報告書
- 横浜国立大学教育人間科学部（2009）「『学校の教育活動と著作権』に関する海外調査報告書」，英国における著作権教育カリキュラム，教材等に関する調査研究
- 松岡守（2005）「海外の知的財産教育の調査と協力研究の試み」，平成 16 年度受託研究大学における知的財産教育研究報告書，三重大学教育学部
- 三菱 UFJ リサーチ&コンサルティング㈱（2012）「平成 23 年度今後の知的財産人材育成教材等のあり方に関する調査研究報告書」

●4. 創造性育成に関する文献・資料————
- 松本金寿編著（1973）「わが国における創造性研究に関する諸文献—1973 年 7 月現在—」，日本文化科学社
- 村上幸雄（1988）「創造研究の国際動向」『創造性研究と測定』共立出版，pp. 159 – 200
- 高橋誠編（2002）『新編創造力事典—日本人の創造力を開発する—』日科技連出版社
- 孫媛・井上俊哉（2003）「創造性に関する心理学的研究の動向」『NII journal』第 5 巻，pp. 65 – 73
- 比嘉佑典（2005）「日本の創造性教育」弓野憲一編著『世界の創造性教育』ナカニシヤ出版

●5. 著作権教育に関する文献・資料————
- 文部科学省（2002）「情報教育の実践と学校の情報化—新『情報教育に関する手引き』—」，p. 22 http：//www. mext. go. jp/a _ menu/shotou/zyouhou/ 020706. htm

（2010/06/10 最終確認）
- 国立教育政策研究所「情報モラル教育実践ガイダンス」http：//www.nier.go.jp/kaihatsu/jouhoumoral/index.html（2012/09/27 最終確認）
- 野中陽一編（2010）『教育の情報化と著作権教育』，三省堂
- 辰巳丈夫・原田康也（1998）「初等中等教育における情報倫理教育のあり方について」『情報処理学会研究報告．コンピュータと教育研究会報告』第 98 巻第 102 号，pp.33-40
- 児玉晴男（2002）「情報教育における著作権と情報倫理」『電子情報通信学会技術研究報告．SITE，技術と社会・倫理』第 102 巻第 367 号，pp.17-22

后　记

中国有句格言，"十年不凡、二十年让人敬畏、三十年创造历史"。日本具有现代意义的知识产权教育始于2000年面向工科职高推出的"实验合作校项目"，从日本知识产权协会知识产权教育分会成立前后才真正开始。以前提起"知识产权教育"，人们的印象大都停留在专利获权或专利发明层面，本书则介绍了在这种大环境下开展的丰富多彩的知识产权教学实践活动。纵览本书的实践活动，可以从中强烈地感受到教师为此付出的心血和热情。2000年至2010年，正是日本知识产权教育飞速发展的十年。

在此，请允许我再次对知识产权教育的意义进行总结。我认为知识产权教育的根本正如本书第4章提到的"向前辈和学长表达敬意"这一思想。当今社会文明是通过古人和先辈不断积累智慧结晶发展而来的。我们应该对这样的智慧积累表示感谢，心存敬意。而站在他们的肩上，用超越他们的智慧回馈他们，才是向古人和先辈表达敬意的最好方式。对人类历经数代积攒而来的文明保持敬畏，培养下一代敢于承担文化创新重任的勇气，这才是教育的根本所在。包括我自身在内，祈愿所有从事知识产权教育的同人能从更广阔的视角看待知识产权教育，骄傲而自信地推动知识产权教育的进步。

如前言所述，本书由日本知识产权协会知识产权教育分会成员作为主要执笔人编纂而成。为了"三十年创造历史"，建议今后将学校教学与研究一体化，由两者联合共同推进知识产权教育实践与理论的研究。基于这一认识，如果本书能对知识产权教育的发展贡献微薄之力，将不胜欣慰。

最后，对在出版任务艰巨的状况下及时拨冗承担本书出版工作的白桃书房,以及给予本书大力沟通协调和认真编辑的编辑部平千枝子女士表示衷心的感谢!

2013 年 3 月 1 日
村松浩幸
谨代表编者和执笔者

索　引

【あ　行】

EPA　25
EPO　25
e-learning　18, 22, 143, 171
ICReaTM　25
アイデア発見シート　52, 55, 59, 180
アイデアマラソン　149, 150
英才教育振興法　22
絵本教材　30

【か　行】

KJ法　81, 99, 102, 113
開発推進校事業　11
観点別評価　158
起業家教育　26
技術・アイディアコンテスト　100
技術者倫理　17
キャリア教育　163
教員免許状更新講習　179, 181, 182
言語活動　52, 163

【さ　行】

JASRAC　43, 144
シークエンス　154
実験協力校事業　11, 12

職務発明　174, 175
浸透教育　20
推進協力校事業　6
スコープ　154
製造物責任法　135, 136
全国中学生科学技術創新成果展　20, 21
全日本学生児童発明くふう展　7, 9
創造性教育　18, 26

【た　行】

THINK kit　25
知財絵本　30
知財マインド　2, 16, 128, 148, 168
知財マネジメント　20, 169
知的財産基本法　6, 12, 95
知的財産戦略本部　6, 95
知的創造サイクル　6, 18, 103, 132, 164, 165, 175
挑戦杯　21
著作権教育研究協力校　6
デザインパテントコンテスト　7, 14, 125, 175
特許明細書　52, 136, 169

【な　行】

内閣知的財産戦略会議　6

— 210 —

内的起業家精神 18, 74
日本弁理士会 7, 9

【は 行】

ProjectXL 25
バーサモデル 18, 26
発明英才学級 22
パテントコンテスト 7, 14, 17, 100, 175
百・千・万の知的財産人材プロジェクト 20
不正競争防止法 135, 149
ブレインストーミング 81, 85, 99, 113, 125

【ま 行】

マインドマップ 81, 113
模擬特許 10, 173

【や 行】

U-learning 22
USPTO 24
USPTO Kid's page 25

【ら 行】

ロボットコンテスト 10, 17, 168, 175

日本知识产权协会知识产权教育分会编辑委员会

顾问·主编：	井口　泰孝	（弘前大学）
编辑委员长：	村松　浩幸	（信州大学）
编辑副委员长：	片桐　昌直	（大阪教育大学）
编辑（执笔）委员：	篦原　裕明	（全国知财·创造教育研究会）
	木村　友久	（山口大学）
	谷口　牧子	（旭川工业高等专业学校）
	本江　哲行	（富山高等专业学校）
	松冈　守	（三重大学）
办公室·编辑（执笔）委员：	世良　清	（三重县立津商业高等学校）
执笔者：	安藤　新	（指宿市立指宿商业高等学校）
	影山　知美	（津山市立弥生小学校）
	笠井　贵伸	（东海大学附属第五高等学校）
	川俣　纯	（筑波市立竹园东中学校）
	黑坂　俊介	（岩见泽市立第二小学校）
	佐藤　公敏	（北海道立教育研究所附属情报处理教育中心）
	陈内　秀树	（长崎县立岛原农业高等学校）
	内藤　善文	（爱媛县立新居浜工业高等学校）
	中野　辉良	（岐阜县立大垣养老高等学校）
	西村由希子	（东京大学）
	长谷川元洋	（金城学院大学）
	满丸　浩	（鹿儿岛县立鹿儿岛工业高等学校）
	山口　治	（龙崎市立爱宕中学校）
	吉冈　利浩	（津市立一身田中学校）

※人名按照日语五十音图排序

上述工作单位统计于 2013 年 4 月。

一般社团法人日本知识产权协会简介

为振兴需求导向的知识产权学研究与实践，2002年10月一般社团法人日本知识产权协会成立，成员以创造知识财产的研究者和活用知识财产的企业经营者为主。该学会广泛征集社会各领域关注知识产权的相关人士，以法律、经济、经营、国际关系论和跨学科领域为中心，就科技及内容等的创造、保护、利用开展研究活动。2010年曾与中国知识产权研究会签订学术合作协议。

知识产权教育分会是日本知识产权协会的分会之一，于2007年成立，旨在全日本普及并推进知识产权教育，成员以学校教育专家为主，还包括一线教职员工、职业教育及社会教育行业的相关同仁。随着知识产权事业的发展，根据社会需求，如今分会的教育研究与实践活动已不局限于学校教育，正在纵贯日本全国，逐步拓宽到技术人员教育、产业教育、创业家教育以及师资培训等新领域。

关于该协会的更多信息可参考官网http：//www.ipaj.org/。

《日本知识产权教育：从小学到大学的实践与理论》
发行日——2013年6月6日　出版发行（检印略）
编者——日本知识产权协会知识产权教育分会编辑委员会
发行者——大失荣一郎
发行公司——株式会社白桃书房
邮编：101-0021　地址：东京都千代田区外神田5-1-15
电话：03-3836-4781　传真：03-3836-9370　账号：00100-4020192
网址：http：//www.hakutou.co.jp/
印制及装订公司——藤原印刷
日本知识产权协会2013年日本印刷
ISBN978-4-561-24614-5　C3037
根据著作权法规定，除特殊情况，禁止对本书随意进行复印、扫描、电子化等操作。委托第三方代理服务商对本书进行扫描或电子化等操作，即使用于个人或家庭内部，也属于违法行为。
出版权委托公司：出版者著作权管理机构（英文简称JCOPY）
除特殊情况，本书禁止随意复制。复制前应征得出版者著作权管理机构的同意。
电话：03-3513-6969 传真：03-3513-6979 电子邮箱：info@jcopy.or.jp
如遇到脱页、错页等情况，将免费为您更换。